MONIKA HANNA

Der Münchner Jakobsweg

MONIKA HANNA

Der Münchner Jakobsweg

Wandern auf dem Pilgerweg von München an den Bodensee

Mit 125 Abbildungen und Übersichtskarten

Langen Müller

Bildnachweis

Alle Abbildungen und Karten von Reinhold Hanna,
außer Seite 43 u. 60 (Werner Schedel).

Umschlagmotive vorne: Blick vom Auerberg
auf die Allgäuer Alpen (o.);
Bayernkarte des Johannes Aventinus, 1523 (u.).

Besuchen Sie uns im Internet unter:
www.langen-mueller-verlag.de
www.hanna-jakobsweg.de

1. Auflage Juli 2004
2. Auflage Juni 2006
3. Auflage Oktober 2007

Schutzumschlag: Wolfgang Heinzel
Umschlagfotos: Reinhold Hanna
Herstellung und Satz: VerlagsService Dr. Helmut Neuberger
& Karl Schaumann GmbH, Heimstetten
Gesetzt aus der 10/13 Punkt Goudy/Evo
Druck und Binden: Offizin Andersen Nexö, Leipzig
Printed in Germany
ISBN 978-3-7844-2978-6

Inhalt

Der Münchner Jakobsweg
München - Bodensee
Länge: ca. 270 km
München
Starn-
berg
Pullach
Schäftlarn
Schondorf
Dießen
Herr-
sching
Wessobrunn
Marktoberdorf
Kempten
Rottenbuch
Lechbruck
Steingaden
Weiler
Weitnau
Lindau
Boden-
see
Simmerberg
Bregenz

Der Klosterweg 46

Die barocke Seele Oberbayerns 74

Vorwort

Religiöse und soziale Wertvorstellungen, noch vor ein bis zwei Generationen selbstverständlich in unserem westlichen Kulturkreis, haben heute nicht mehr den gleichen Stellenwert. Von immer mehr Menschen werden sie für überholt und überflüssig, ja sogar für hinderlich gehalten, beim Streben nach Geld und Wohlstand, von dem man sich Glück und Zufriedenheit im Leben erhofft. Interessanterweise ist gleichzeitig mit dem Verlust der alten Wertesysteme und der Kritik an den Kirchen ein Zuwachs bei Sekten und esoterischen Gruppierungen zu verzeichnen.

In den letzten Jahren fragen sich aber auch immer mehr Menschen nach dem Preis für den unerbittlichen täglichen Kampf um die so viel gepriesene »Lebensqualität«, die vor allem aus einem sorgenfreien Leben bestehen soll und immer höheren Ansprüchen gerecht werden muss. Sie fragen sich auch, warum Geld und ein guter Lebensstandard alleine nicht unbedingt glücklicher machen. Der Sinn des Lebens wird und wurde von allen Generationen immer wieder hinterfragt.

Vielleicht brechen deshalb in jüngerer Zeit wieder viele Menschen auf, um auf alten Pilgerpfaden, ohne die Hektik und Ablenkung unseres heutigen Lebens, mit sich selbst ins Reine zu kommen. Sie sind auf der Suche nach sich selbst, auf der Suche nach Gott, auf der Suche nach ihren Wurzeln und einem Lebensgefühl, dem sie auf diesen alten Wegen wieder näher kommen möchten.

Pilgern leitet sich ab vom lateinischen »peregrinus«, das heißt »der in der Fremde Weilende«, also ein Mensch, der sich aus der Sicherheit seines Alltags begibt, sich freiwillig Unwägbarkeiten aussetzt, der nicht weiß, wo er abends ein Bett und etwas zu essen bekommt und wie es morgen weitergeht. Er ist auf die Hilfsbereitschaft anderer Menschen angewiesen und lernt sich selbst und seine eigenen Grenzen besser kennen. Dies galt im Mittelalter und gilt auch heute noch.

Auch mein Mann und ich wanderten – von unserer eigenen Haustüre aus – nach Santiago de Compostela. Wir suchten auf der Karte einen gangbaren Weg nach Westen. Doch als wir in der Schweiz auf die ersten Muschelzeichen stießen, war unsere Freude riesengroß und wir fühlten uns plötzlich tief mit den mittelalterlichen Pilgern verbunden. Auch daraus erwuchs die Motivation, den Jakobsweg bereits von München aus »sichtbar« zu machen. Zusammen mit einigen anderen Münchner Jakobspilgern begannen wir, über den Weg zu recherchieren, und entwickelten eine Wegführung bis zum Bodensee, die zwar nicht historisch erwiesen, aber plausibel ist und einen sinnvollen Weg darstellt, den auch die Pilger im Mittelalter gegangen sein könnten. Unterstützt wurden wir dabei von der »Ländlichen Entwicklungsgruppe Oberbayern am Landwirtschaftsamt Fürstenfeldbruck« sowie von den am Weg liegenden Gemeinden, die die Beschilderung übernahmen. Allen an der Entstehung des »Münchner Jakobsweges« Beteiligten sei an dieser Stelle herzlich gedankt.

Die große Nachfrage nach Informationen und Beschreibungen über diesen Weg veranlasste mich, das auf dem Pilgerweg selbst und bei Recherche und Wegfindung gewonnene Wissen zusammenzutragen, um es auch anderen Pilgern und Wanderern zur Verfügung zu stellen.

Doch Wege zu beschreiben, denen andere Menschen vertrauensvoll folgen können, bedeutet zwangsläufig mehr Gründlichkeit und auch Verantwortung, als nur für sich selbst einen Weg zu suchen. Jede beschriebene Teilstrecke muss abgegangen und überprüft werden. Dies wäre mir ohne meinen Mann nicht möglich gewesen, der mit mir die Strecke zigmal abgefahren ist und mehrmals mit mir von München zum Bodensee wanderte. Von ihm stammen auch fast alle Bilder und die Karten in diesem Buch. Ebenso hat er mich stets mit seiner Begeisterung für den Münchner Jakobsweg angesteckt und immer wieder neu motiviert. Deshalb gebührt ihm, der großen Anteil an der Entstehung dieses Buches hat, mein ganz besonderes »Dankeschön«.

Auch bei den Damen und Herren des Verlages Langen Müller möchte ich mich für die gute und vertrauensvolle Zusammenarbeit bei der Herausgabe dieses Buches vielmals bedanken.

Allen Pilgern und Wanderern auf dem Münchner Jakobsweg wünsche ich viel Freude, Entspannung und Erholung auf dem Weg durch unser schönes Bayernland. Den Suchenden unter ihnen möge der Pilgerweg zu der Inspiration und Anregung verhelfen, die sie benötigen, um Antworten auf ihre Fragen zu erhalten und zu sich selbst zu finden, damit sie auf dieser Basis gelassen und zuversichtlich ihren weiteren Lebensweg angehen können.

München, im Frühjahr 2004 *Monika Hanna*

SANTIAGO

Erste Begegnung mit Jakobus auf dem Camino de Santiago

Am 23. Oktober 1987 wurden vom Europarat die gesamten Jakobswege nach Santiago de Compostela zur ersten europäischen Kulturstraße erklärt. Damit sollte das historische, literarische, musikalische und künstlerische Erbe, das durch das Pilgerwesen entstanden war, geschützt werden.

Aus einem Zeitungsbericht über den Jakobsweg erfuhren wir davon. Als Münchner Bergwanderer immer auf der Suche nach neuen Wegen, erwachte unsere Neugierde sofort: Was war das für ein Weg, warum wanderten die Menschen seit ei-

Historische Karte mit den Jakobswegen in Europa von 1648

Links: Wegstein an der Stadtgrenze von Santiago de Compostela

Das Schiff mit Jakobus' Leichnam landete in Galicien.

nem Jahrtausend aus allen europäischen Ländern nach Santiago de Compostela im spanischen Galicien? Und wie ist dieser Weg entstanden?

Wir beschäftigten uns mit der Literatur und waren sofort fasziniert. Der Jakobsweg entstand in jener Zeit, als sich das christliche Abendland entwickelte. Karl der Große, auch »Vater Europas« genannt, war der Sage nach einer der ersten Pilger zum Grab des Apostels. Auch Heinrich der Löwe, der für die Gründung Münchens verantwortlich ist, soll 1190 nach Santiago gepilgert sein.

Heute säumen diesen wunderschönen Weg, der sich von Ost nach West durch die Schweiz, Frankreich und Spanien zieht, herrliche romanische Bauwerke, eine Unzahl von Legenden und alten Liedern begleiten die Pilger von Ort zu Ort. Ein Weg voller abendländischer Kultur und Geschichte, der seinen Ursprung einer Legende verdankt.

Historisch ist, dass Jakobus am See Genezareth in Galiläa geboren ist und zusammen mit seinem Bruder Johannes ein Jünger Jesu war. Er soll in Spanien missioniert haben. Sein Bemühen war aber nicht sehr erfolgreich, deshalb kehrte er nach Jerusalem zurück. Dort ließ ihn Herodes im Jahre 44 enthaupten. Jakobus erlitt als erster der zwölf Apostel den Märtyrertod.

Die Legende erzählt weiter, dass sein Leichnam von seinen Anhängern in ein Schiff gelegt wurde, das auf wundersame Weise Spanien erreichte. Dort wurde er begraben, das Grab aber geriet bald in Vergessenheit.

Zu Beginn des 9. Jahrhunderts hatte ein Einsiedlermönch namens Pelagius eine Erscheinung, er sah ein übernatürliches Licht und hörte Gesänge. Er berichtete seinem Bischof davon, der eine Untersuchung einleitete – und man entdeckte das Grab des Apostels. Wegen des Leuchtens wurde der Platz »campus stellae« (»Feld des Sternes«) genannt, später wurde daraus Compostela.

Spanien war zu dieser Zeit von den Mauren besetzt, die Christenheit durch den Islam bedroht. Unter dem Zeichen des »Maurentöters« Jakobus zog man nun mit dem Schlachtruf »Santiago« gegen den »ungläubigen« Feind zu Felde und gewann eine Schlacht nach der anderen. Jakobus wurde zur Symbolfigur für die Rückeroberung Spaniens für das christliche Abendland.

Die Kunde von Jakobus drang in ganz Europa vor. Viele hatten den Wunsch, ihn an seinem Grab zu verehren. Mit einer gemeinsamen Religion zu einem gemeinsamen Ziel wurde der Jakobsweg zum ersten gemeinschaftlichen Erlebnis des Abendlandes. Millionen von Pilgern sollten sich in den folgenden Jahrhunderten auf den Weg nach Santiago de Compostela machen.

Aus der ursprünglich dort gebauten Kapelle entwickelte sich bald die Kathedrale der neu entstandenen Siedlung. Im 12. und 13. Jahrhundert erreichte die Stadt ihre

Santiago Matamoros – der »Maurentöter« Jakobus

größte Bedeutung. Papst Alexander III. († 1181) erklärte Santiago zur »Heiligen Stadt«. Sie gehörte fortan neben Rom und Jerusalem zu den bedeutendsten Wallfahrtsorten der Christenheit.

Ehemals weitab gelegene Dörfer wurden durch den »Camino« miteinander verbunden und erlebten eine wirtschaftliche Blüte, es entstanden Städte und Klöster, die Tausende von Pilgern beherbergen konnten. Riesige Pilgerkirchen wurden gebaut und damit unvergleichliche Kunstwerke geschaffen, die auch heute noch Menschen aus allen Ländern auf den Jakobsweg führen.

Die Gründe für die Pilgerwanderungen im Mittelalter waren vielfältiger Natur: Ein Hauptgrund mag der Wunsch gewesen sein, etwas für sein Seelenheil zu tun, denn die Menschen des Mittelalters strebten, bewegt von ihrem starken Glauben und den damaligen drastischen Darstellungen vom Jüngsten Gericht, nach Erlösung. Für alles Übersinnliche waren sie sehr empfänglich. Auf das Unbehagen über weltliche und klerikale Verhältnisse reagierten sie nicht, wie spätere Generationen, mit Revolution oder Terrorismus, sondern mit dem »Weg nach innen«, mit dem »Aufbruch der Seele«. Die Pilgerfahrt war möglicherweise für die Menschen des Mittelalters eine damals erlaubte Art reiner Selbstverwirklichung. Ihre Leitbilder tragen auch wir als Generationenerbe in uns.

Andere Gründe waren die Verehrung eines Heiligen, die Hoffnung auf die Heilung einer Krankheit durch ein Wunder oder die Erfüllung eines Gelübdes. Die reichere Oberschicht ließ an ihrer Stelle bezahlte Pilger die Wallfahrt antreten und in manchen Ländern wurden Gewaltverbrecher dazu verurteilt, als Bußleistung nach Santiago zu pilgern.

Auch in unserer Zeit gibt es noch viele Anlässe, nach Santiago zu wandern. Die Hauptmotive, wie sie auch im Pilgerbüro der Stadt abgefragt werden, sind religiöser, spiritueller oder sportlicher Natur.

Für uns waren mehrere Gründe ausschlaggebend: Besonders brachte uns die Neugier auf den Weg, die Sehnsucht danach, unserer europäischen Geschichte und der Kultur dieses alten Pilgerweges näher zu kommen und uns ganz nebenbei ein großes Stück Europa zu Fuß zu erschließen. Daneben natürlich ein wenig Abenteuerlust, gepaart mit großer Wanderlust, um in der freien Natur Kultur und Landschaft zu genießen und dabei »mit der Zeit zu gehen«, anstatt ihr hinterherzulaufen.

Von Anfang an waren wir uns einig, dass der Startpunkt unseres Jakobsweges nur München sein konnte. Wie die Pilger des Mittelalters wollten wir von zu Hause aufbrechen und damit eine Verbindung schaffen von unserem Alltagsleben zu dem, was uns dieser Weg an Begegnungen, Erlebnissen und Eindrücken schenken würde. Wir wussten zwar, dass er mit etwa 2700 km sehr lang ist, was dies konkret bedeutete, war uns aber zu diesem Zeitpunkt noch nicht bewusst. Stand anfangs mehr das Wandern im Vordergrund, so wandelte sich diese Einstellung mit jedem Schritt und mit jedem Erleb-

Aufbruch in Münchens »Guter Stube«, am Marienplatz

nis, mit dem wir uns dem Ziel Santiago de Compostela näherten.

Unser Startpunkt für den Camino war die Jakobskirche am Jakobsplatz in München. Da uns Beschreibungen des Jakobsweges nur ab Frankreich bekannt waren, suchten wir auf der Karte unseren eigenen Weg von Ost nach West. König-Ludwig-Weg und Prälatenweg waren entsprechend ausgewiesen und boten sich bis Marktoberdorf an. Was lag näher, als weiter über Kempten zum Bodensee zu wandern? Beim genauen Hinsehen entdeckten wir in der Schweiz einen bereits markierten Jakobsweg, der über Einsiedeln an den Vierwaldstättersee, weiter ins Berner Oberland und in die Westschweiz bis zum Genfer See führt. Über Grenoble gelangten wir in das mittelalterliche Städtchen Le Puy.

Bis hierher waren wir alleine unterwegs gewesen, doch nun war unser individueller Wanderweg zu Ende. Wir tauchten ein in die Via Podiensis, einen der vier großen Pilgerwege, die sich durch Frankreich zu den Pyrenäen ziehen. Hinter der spanischen Grenze vereinen sich alle vier Wege zu einem einzigen, dem Camino de Santiago, der zum äußersten Westen Galiciens nahe der atlantischen Küste führt.

Auf dem Weg bis Le Puy genossen wir unsere geliebten Berge und die Natur und ahnten nichts von der neuen Dimension, die sich uns auf dem alten Pilgerweg erschließen sollte: den fühlbaren Spuren der vorausgegangenen Pilger, den Begegnungen mit gleich gesinnten Menschen, dem Eintauchen in die Geschichte und Kultur des Abendlandes.

Wir kannten zwar den Ausspruch Goethes: »Europa wurde auf dem Pilgerweg geboren, seine Muttersprache ist die christliche Kultur«, konnten aber zu Beginn unserer Pilgerreise wenig damit anfangen. Erst allmählich verstanden wir, wie auf dem Jakobsweg die europäische Kultur entstanden ist, wie auf diesem Pilgerweg Europa tatsächlich gelebt wurde und noch

Le Puy-en-Veley im französischen Massif Central

gelebt wird. Wie Menschen am Weg und auf dem Weg eine Einheit bilden, trotz oder auch wegen ihrer Verschiedenheit. Wie Menschen aus unterschiedlichen Kulturen, mit ihrer jeweiligen Geschichte und ihren Weltanschauungen dennoch harmonieren und sich uneigennützig schützen und helfen, weil sie sich einer gemeinsamen Idee verschrieben haben, die größer ist als kleinliches nationales Spießbürgertum oder persönliche Eitelkeiten und Egoismus. Als Pilger lernten wir die Hilfsbereitschaft und den Schutz der einheimischen Bevölkerung kennen und nahmen beides dankbar und demütig an. Besonders bewusst wurde uns dies im Vergleich zwischen der Hilfsbereitschaft der Landbevölkerung und dem manchmal etwas befremdlichen Unverständnis in den Städten. Hier Helfen und Beschützen ohne große Worte, und dort »Kopfschütteln« über das Pilgern, dessen Sinn und Nutzen in unserer Zeit in Frage gestellt wird. Zwischen diesen Wertesyste-

In der Wandererherberge Domaine du Sauvage an der Via podiensis, Frankreich

men steht der Pilger selbst, der den Unterschied am eigenen Leib erfährt.

Süchtig geworden nach jedem neuen Morgen und dem Unterwegssein, den Duft nach Thymian und trockener Erde in der Nase, wird jeder Pilger auf diesem langen Weg beinahe zwangsläufig eine Bestandsaufnahme und Bewertung für sich selbst vornehmen. Er wird sich vielleicht fragen, ob die »Weiterentwicklung« vom »altmodischen« christlichen Wertesystem, das die Basis unserer abendländischen Kultur bildet und eine starke soziale Komponente hat, hin zu der heutigen modernen Ausprägung, die uns Menschen vorgaukelt, dass es auch für die Gemeinschaft gut sei, wenn jeder sein Tun und Handeln ausschließlich an seinen eigenen Interessen und Bedürfnissen ausrichtet, wirklich so gut für die Menschen ist.

In den abendlichen Diskussionen in den Unterkünften mit Pilgern aus allen Teilen der Welt erkannten wir, dass es kaum einen Pilger gab, der sich dieser Fragestellung entziehen konnte. Dabei ist die Pilgergemeinschaft sehr vielschichtig. Wir lernten Pilger aus allen Kreisen und Lebensbereichen kennen, diskutierten mit Notenbank-Chefs und Ministerpräsidenten, Künstlern und Priestern, Menschen in Lebenskrisen und jugendlichen Straftätern, Handwerkern und Professoren, Arbeitslosen und Rentnern. Der Pilgerweg hebt die sozialen Grenzen zwischen den Menschen auf. Nation, Alter, Religion, Herkunft oder Beruf werden unwichtig, alle sind gleichwertig, haben das gleiche Ziel. Alle stellen aber auch die Vielfalt der Meinungen dar und verändern damit auch die eigenen Einstellungen und Meinungen.

Nach anfänglichen Beschwerden in den Beinen und Blasen an den Füßen, die in den ersten Wandertagen bei den wenigsten ausbleiben, stellten wir erfreut fest, dass die Kondition mit jedem Tag zunahm und wir beinahe mühelos die tägliche Kilometeranzahl bewältigen und sogar steigern konnten.

Auf den Spuren der alten Pilger und mit ihren Augen bewunderten wir die faszinierenden Kunstwerke aus Stein mit ihrer schier unerschöpflichen Vielfalt an Ideen, die in Kir-

Das riesige Weihrauchfass »Botafumeiro« in der Kathedrale von Santiago de Compostela

chen, Klöstern und Kreuzgängen verwirklicht sind, und begeisterten uns an den unzähligen romanischen Portalen, an denen die Herrlichkeit der Schöpfung in Stein gemeißelt ist, aber auch die drastischen Strafen, die Sünder in der Hölle zu erwarten haben. Wenn uns beim Eintritt in eine Kirche der Gesang der Mönche umfing und seltsames Licht über die hohen Mauern geisterte, verspürten wir jedes Mal leichte »Gänsehaut« und konnten uns dieser einmaligen Atmosphäre nicht entziehen.

In den Pyrenäen angekommen, bewältigten wir die Steigungen fast schon spielerisch, freuten uns, die spanische Grenze überwunden zu haben und waren beeindruckt vom alten Augustinerkonvent in Roncesvalles. Mit lieb gewonnenen Pilgerfreunden wanderten wir durch Navarra und Rioja, kämpften mit den nicht enden wollenden Horizonten in der Meseta und waren froh, als wir die alte Königsstadt Leon vor Augen hatten. In Galicien erfasste uns plötzlich eine seltsame Unruhe, immer schneller drängten wir voran und hatten nur noch unser Ziel vor Augen: Santiago de Compostela.

Nach etwa 120 Wandertagen endlich angekommen, kam die Freude nicht langsam, nein, sie traf uns wie ein Blitz, trieb uns das Wasser in die Augen, überwältigte uns. Monatelang hatten wir alle Anstrengungen und Erwartungen auf diesen Augenblick ausgerichtet. Wie betäubt standen wir nun vor der Kathedrale, dem Haus des Apostels, dem Ort, der die Menschen Europas seit Jahrhunderten angezogen hat. Ein unbeschreibliches Glücksgefühl breitete sich in uns aus.

Im Pilgerbüro nahmen wir froh unsere »Compostela« in Empfang. Diese Bestätigung erhält, wer mindestens die letzten 100 km vor dem Ziel zu Fuß oder 200 km mit dem Fahrrad gepilgert ist. Nun hatten wir es eilig, in die Kathedrale zu kommen, um Jakobus endlich zu umarmen und der Tradition gemäß an der Säule des Portico de la Gloria die Finger in die fünf Ver-

CAPITULUM hujus Almae Apostolicae et Metropolitanae Ecclesiae Compostellanae sigilli Altaris Beati Jacobi Apostoli custos, ut omnibus Fidelibus et Peregrinis ex toto terrarum Orbe, devotionis affectu vel voti causa, ad limina Apostoli Nostri Hispaniarum Patroni ac Tutelaris SANCTI JACOBI convenientibus, authenticas visitationis litteras expediat, omnibus et singulis praesentes inspecturis, notum facit: Dnam. Monicam Hanna
hoc sacratissimum Templum pietatis causa devote visitasse. In quorum fidem praesentes litteras, sigillo ejusdem Sanctae Ecclesiae munitas, ei confero.
Datum Compostellae die 12 mensis Septembris anno Dni 2000
Secretarius Capitularis

Die »Compostela«: Urkunde für Fußpilger, ausgestellt vom Pilgerbüro in Santiago

tiefungen zu legen, die sich im Laufe der tausendjährigen Wallfahrtsgeschichte in den Stein gegraben haben. In der Pilgermesse durften wir im Altarraum sitzen und beobachteten entspannt ein uraltes Ritual, das Schwingen des berühmten Weihrauchfasses, des Botafumeiro, durch das Querschiff der Kathedrale. Das Hochgefühl der Ankunft blieb uns auch in den restlichen zwei Tagen erhalten, die wir noch in der fröhlichen Stadt Santiago verbrachten.

Ein unvergessliches Erlebnis liegt hinter uns, das uns geprägt und unsere Einstellung zum Leben verändert hat. Wir haben wieder gelernt, die kleinen Freuden zu schätzen, die man nicht kaufen, sondern nur mit Mühe und Schweiß erringen kann. Die vielen Gespräche mit Pilgern und das Eintauchen in die auf diesem Weg immer präsente Geschichte brachten uns den Menschen des Mittelalters und den Wurzeln unserer abendländischen Kultur wieder näher.

Wir haben erkannt, dass für uns »Lebensqualität« nicht nur ein wirtschaftlicher Faktor ist, sondern vor allem durch menschliches Miteinander und Verständnis zu erreichen ist. Vielleicht wäre es gut für so manchen Politiker oder Manager, der für viele Menschen verantwortlich ist, sich anstelle von teuren theoretischen Kursen lieber »auf den Weg zu machen«, um in der Stille der Landschaft und bei menschlichen

Begegnungen mehr über sich selbst und die anderen zu erfahren, nach dem Motto der Jakobspilger:

Mach dich auf den Weg nach Santiago, Bruder,
mit der Freude im Herzen, der Muschel am Hut
und dem Ruf der Pilger auf den Lippen:
Santiago, Ultreya!

Ankunft beim Apostel: Die Kathedrale von Santiago de Compostela

Wie der Münchner Jakobsweg entstand

Freudig erregt stand unsere kleine, fünfköpfige Gruppe der »Münchner Jakobspilger« in der ersten Bankreihe der St. Jakobskirche im Angerkloster in München. Lange hatten wir auf diesen Tag, den 24. Mai 2003, gewartet, an dem der »Münchner Jakobsweg« feierlich eingeweiht werden sollte.

Der ökumenische Gottesdienst begann mit dem Eingangslied »Jakobus, treuer Freund des Herrn, dein Name schallt durch alle Welt« und endete mit dem Pilgersegen und der Aussendung der 28 Pilger, die sich an diesem Tag auf den Jakobsweg schicken ließen. In feierlichem Zeremoniell, das die Armen Schulschwestern des Angerklosters liebevoll vorbereitet hatten, bekamen wir Pilger neben den symbolischen Gaben wie Rucksack, Pilgerstab und Muschel unseren »Pilgergeleitbrief« mit dem ersten Stempel von St. Jakob am Anger ausgehändigt, der uns als Pilger ausweist und berechtigt, in den Herbergen des spanischen Jakobsweges übernachten zu dürfen. Er enthält außerdem die Bitte, die Pilger freundlich aufzunehmen und ihnen durch den entsprechenden Stempel zu bestätigen, dass sie an diesem Ort Station gemacht haben.

Im Anschluss an den Gottesdienst schraubten wir unser erstes Jakobs-Wegweiserschild – die »Europamuschel«, eine gelbe Muschel auf blauem Hintergrund – vor der St. Jakobskirche an das Straßenschild und erklärten den Münchner Jakobsweg für eröffnet. Alle waren eingeladen, heute ein Teilstück des Jakobsweges mitzuwandern, und wir verteilten für jeden ein Stück Brot als Wegzehrung. Etwa 80 Pilger begleiteten uns, als wir über Marienplatz, Isartor, Ludwigsbrücke und an der Isar entlang bis nach Pullach »schnupperpilgerten«.

Am Sonntag, den 25. Mai 2003, fand in Schondorf am Ammersee ein weiterer Festgottesdienst statt, den der Abt von St. Bonifaz und Andechs zelebrierte. In Schondorf deshalb, weil der Ort eine der ältesten, in vielen Teilen romanisch erhalten gebliebenen Jakobskirchen im oberbayerischen Raum aufzuweisen hat und weil der Bürgermeister von Schondorf sich anbot, diese Feier am Ammersee zu gestalten. Im anschließenden bunten Programm wurden Theaterstücke, mittelalterliche Lieder, historische Musik und Tänze sowie Kirchenführungen dargeboten.

Den Gedanken, dass es schön wäre, wenn der Weg schon von München aus mit der Jakobsmuschel beschildert wäre, hegten wahrscheinlich viele der Jakobspilger, die bisher von München aus nach Santiago aufgebrochen waren. Auch wir wünschten uns das, als wir 1996 mit den entsprechenden

Wahlspruch der Pilger »Gott hilf und St. Jakob«, St. Jakob, München

Wanderkarten die ersten Teilstrecken von München bis zum Bodensee für uns erarbeiteten, um in den nachfolgenden fünf Jahren in Etappen nach Santiago zu pilgern. Doch den eigenen Weg zu finden und zu gehen, war zunächst wichtiger für uns. Erst in der Schweiz stießen wir auf den dortigen Jakobsweg und die ersten Mitpilger.

Markierungstafel für den Münchner Jakobsweg in Oberbayern

Begeistert von den Eindrücken unterwegs, von der freundlichen Aufnahme der Menschen, die entlang des Pilgerweges wohnen, der Fürsorge, die uns die Herbergsmütter und -väter in Frankreich und Spanien angedeihen ließen, hatten wir nach der Heimkehr aus Santiago im Jahr 2000 das starke Bedürfnis, etwas von dem zurückzugeben, was uns alles an Gutem widerfahren war. Wir erzählten dies auch den Schwestern des Angerklosters, die seither Fragen von am Jakobsweg interessierten Menschen an uns weiterleiten, die wir gerne, auch auf unserer Internetseite, beantworten.

Mit weiteren Münchner Pilgern, die den Jakobsweg bereits gegangen waren und sich ebenfalls mit der Idee beschäftigten, den Weg von München bis zum Bodensee zu beschildern, um damit den Anschluss an die Schweizer Jakobswege herzustellen, berieten wir unsere weitere Vorgehensweise. Wollten wir »den Segen« der St. Jakobsgesellschaft in Aachen zu unserem Vorhaben erhalten, mussten wir uns weitgehend an historische Wege halten. Doch wie diese finden? Unsere Suche in der Bayerischen Staatsbibliothek und in den Klöstern war nicht sehr erfolgreich. Durch die Säkularisation im Jahre 1803 waren zu viele Unterlagen unwiderruflich verloren gegangen. München, das zur Zeit der Entstehung des Jakobsweges nur eine kleine Siedlung war, lag etwas abseits der größeren Pilgerstraßen, die z.B. am Rhein entlang oder über alte Römerstraßen von Augsburg über Kempten nach Bregenz führten. Trotzdem besaß München schon sehr früh eine kleine Jakobskapelle.

Etwas ratlos wegen der fehlenden »Beweise«, erinnerten wir uns wieder an unsere eigenen Wege, denen instinktiv alle Münchner Jakobspilger unserer Gruppe unabhängig voneinander gefolgt waren, und auch daran, wie überrascht wir unterwegs festgestellt hatten, dass in Ost-West-Richtung von München zum Bodensee im Abstand von jeweils einer Tagesetappe ein Kloster lag: Schäftlarn, Andechs, Dießen, Wessobrunn, Rottenbuch, Steingaden ... Das konnte kein Zufall sein. Was wäre für einen mittelalterlichen Pilger nahe liegender gewesen, als neben den alten Handelsstraßen auch dem Klosterweg zu folgen und abends im nächstgelegenen Kloster um Herberge zu bitten? In vielen Kirchen und Klöstern am Weg sahen wir alte Jakobsstatuen, zum Beispiel eine alte, lebensgroße Holzfigur im Kloster Wessobrunn. Jakobus war und ist auf diesem Weg also präsent. Auch bei der Deutschen Jakobusgesellschaft erschien dies als ein historisch

Jakobspilger unterwegs: Hier auf der Via podiensis in Frankreich

plausibler Weg und so arbeiteten wir ihn weiter aus. Erfreut stellten wir fest, dass uns von allen Seiten Hilfe zuteil wurde, sodass der Weg nach nur anderthalb Jahren Vorbereitungszeit eingeweiht werden konnte.

Nach dem Motto des spanischen Lyrikers Antonio Machedo vom Anfang des 20. Jahrhunderts: »Wanderer, es gibt keinen Weg – der Weg entsteht allein durchs Wandern«, wünschen wir dem Münchner Jakobsweg vor allem, dass er gegangen wird. Die von uns angebrachten Wegzeichen mögen die Pilger auf ihrem langen Weg sicher geleiten, sodass sie alle gesund an Leib und Seele beim Apostel Jakobus in Santiago ankommen.

Aufbruch bei »den Mönchen«

Zum heiligen Jakobus ziehen
Die Pilger schon von alters her.
Sie nehmen auf sich große Mühen,
Hoffen auf seine Hilfe sehr.

Vom Münchner Jakobsplatz zum Kloster Schäftlarn

Von der Großstadt ins Isartal

München war zur Zeit der ersten Pilger nur eine kleine Siedlung »zu den Mönchen«. Am Anger, außerhalb der späteren Stadtmauern, stand eine kleine Kapelle des »Hl. Jacobus in prato«, auf einer Wiese, die der Überlieferung nach als Rastplatz auf dem Weg nach Santiago de Compostela diente. Die Pilger aus Zentral- und Osteuropa sammelten hier neue Kräfte für den weiten Weg, der noch vor ihnen lag.

Als im Jahre 1221 die ersten Franziskanermönche nach München kamen, um eine Ordensniederlassung zu gründen, soll ihnen von der Bürgerschaft die Jakobskapelle auf dem Anger und ein bescheidenes Haus daneben geschenkt worden sein. Etwa um das Jahr 1250 wurde neben dieser Kapelle eine Kirche errichtet, die ebenfalls dem hl. Jakobus geweiht wurde. Die Franziskaner betreuten die hier rastenden Jakobspilger.

Das kleine Kloster wurde erweitert und entwickelte sich im Laufe der Jahrhunderte zu einem stattlichen Kloster. Nach den Franziskanern, die bald in ein geräumigeres Kloster in der Nähe der Residenz umzogen, beherbergte es ab 1284 die Klarissinnen, den vom hl. Franziskus gegründeten Frauenorden. Die Klarissinnen setzten die Jakobsverehrung fort. Ihr Kloster stand unter dem besonderen Schutz der Herzogsbrüder Rudolf und Ludwig (des späteren Kaisers Ludwig der Bayer). Es erlebte eine Blütezeit, in der viele Töchter aus angesehenen Münchner Familien eintraten, auch Töchter aus dem

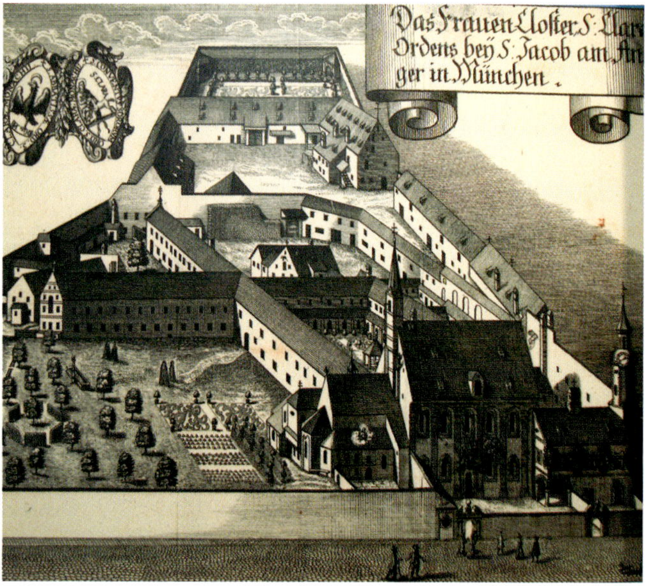

Angerkloster und Jakobskirche nach einem Stich von M. Wening, 1701

fürstlichen Hause Wittelsbach. Die zum Kloster gehörende Jakobskirche wurde immer wieder umgebaut und der jeweiligen Stilepoche angepasst.

Durch die Säkularisation fand diese über 500-jährige Tradition im Jahre 1803 ein gewaltsames Ende. Die Klarissinnen mussten das Kloster verlassen, ihr Eigentum wurde verstaatlicht und das Haus der Verwendung als »Armenbeschäftigtenanstalt« überstellt.

Erst 1843 wendete sich das Schicksal wieder: König Ludwig I. überließ Maria Theresia von Jesu Gerhardinger den Anger. Sie ließ das ehemalige Klarissenkloster zum Mutterhaus und zur Ausbildungsstätte der Armen Schulschwestern von Unserer Lieben Frau umbauen. Das älteste Kloster Münchens diente somit wieder seinem ursprünglichen Zweck.

Leider wurden Kloster und St. Jakobskirche im Zweiten Weltkrieg völlig zerstört. Der Wiederaufbau erfolgte mit Hilfe vieler Wohltäter, das geistliche Leben und der apostolische Dienst der Armen Schulschwestern konnten am traditionsreichen Anger fortgesetzt werden.

Vor einigen Jahren hat man in den europäischen Ländern damit begonnen, die alten Jakobspilgerwege wieder neu zu beleben; 1989 fand in Santiago de Compostela ein Jugendtreffen mit dem Papst statt. Auch die Armen Schulschwestern erinnerten sich an den Pilgerrastplatz bei ihrer Jakobskirche. Sie nahmen das Treffen zum Anlass, den alten Brauch wieder aufleben zu lassen: Im Rahmen eines Gottesdienstes werden die Jakobspilger ausgesandt und erhalten neben dem kirchlichen Segen Muschel, Stab, Rucksack und einen Geleitbrief mit auf den Weg. Auf einer Muschel am Sakristeibau der Kirche steht der Wahlspruch der Pilger: DIOS AYUDA Y SAN-

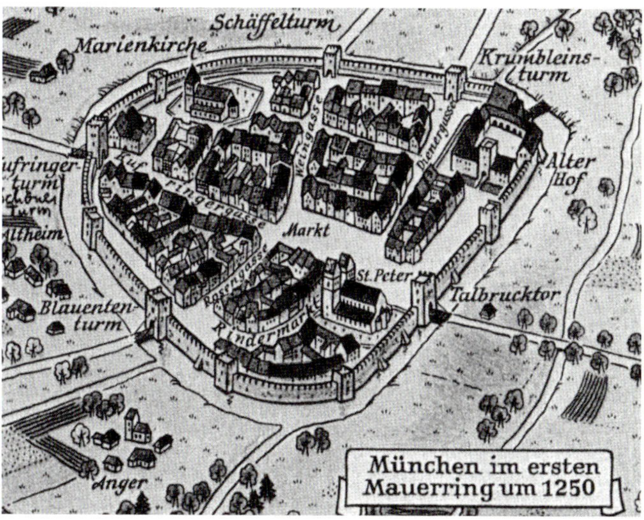

Am Anger ist die St. Jakobskapelle zu erkennen.

Der hl. Jakobus als Pilger vor St. Jakob am Anger

TIAGO – Gott hilf und St. Jakob.

Heutige Pilger verabschieden sich nach der Aussendung in der St. Jakobskirche von der spätgotischen Jakobsfigur auf dem nördlichen Seitenalter und von dem romanischen Sandstein-Jakobus in der Eingangshalle. Dann schlendern sie als Erstes zum Marienplatz, zur Patrona Bavariae. Die Mariensäule wurde 1638 errichtet, zum Dank dafür, dass München von den Schweden verschont wurde. Von diesem Zentrum Altbayerns aus werden die Kilometer ab null gezählt. Auch unsere 2700 km bis nach Santiago sind von hier aus gerechnet.

Die Ludwigsbrücke, über die wir auf unserer ersten Wegstrecke zum Deutschen Museum und zur Isar gelangen, entstand im Jahr 1158. Der Welfe Heinrich der Löwe (um 1129–1195), Herzog von Bayern und Sachsen, ließ die alte Salzbrücke und die dazugehörige Burg in Oberföhring zerstören und ein paar Meilen südlich auf eigenem Grund eine neue Brücke samt einer ummauerten Siedlung bauen. Damit leitete er den gesamten Transportverkehr um und kassierte den beträchtlichen Salzzoll selbst. Das Jahr 1158 gilt deshalb als Gründungsjahr der Stadt. 600 Jahre lang war die Ludwigsbrücke die einzige Brücke in München.

Gleich nach der Überquerung wäre es reizvoll, dem Deutschen Museum einen Besuch abzustatten. Dieses größte technische Museum der Welt führt alle Zweige der Technik, Industrie und Naturwissenschaft von ihren Anfängen bis heute vor Augen. Da es auch praktische Anschauung, Vorführungen und Filme zu bieten hat, kann ein Besuch sehr spannend sein. Man braucht nicht viel Vorwissen, aber dafür umso mehr Zeit. Deshalb wird ein Pilger diesen Besuch auf einen geeigneteren Termin verschieben und lieber den »Planetenweg« unter die Füße nehmen, der im Museumshof bei der »Sonne« beginnt. Auf dem 4,6 km langen Weg führt er über die Planeten Jupiter, Saturn und Uranus bis zum Pluto im Tierpark. Auf Tafeln werden anschaulich die Größen- und Entfernungsverhältnisse dargestellt. Der große Schritt eines Erwachsenen entspricht etwa 1 Million km im Weltall. Bis zum Tierpark brauchen Erwachsene etwa 5900 Schritte.

Der Pilger wird hier gedanklich sofort in eine »andere Welt« wechseln – vom »Planetenweg« zum »Sternenweg« nach Santiago ist es nicht weit. Wir freuen uns darüber, dass der Weg durch München so schön gelegt werden konnte. Das ist durchaus nicht selbstverständlich; in den großen Städten Spaniens, beispielsweise in Pamplona oder Burgos, gestaltet sich die Wegführung durch die Innenstädte sehr viel schwieriger.

Doch in München gibt's gottlob die Isar, durch deren

Im Innenhof des Deutschen Museums: Beginn des Planetenweges an der »Sonne«

breite Flussauen sich Pfade und Kieswege ziehen, die zum Wandern und Pilgern wie geschaffen sind. Der Name Isar bedeutet »die Reißende«, in der Stadt bemerkt man allerdings nicht mehr viel davon. Die Münchner lieben ihre Isar, die sich von einem Wildfluss im Karwendel zu *dem* Münchner Vergnügungsfluss entwickelt hat. Auf den vielen kleinen und großen Kiesinseln am Flaucher tummeln sich an schönen Tagen zahlreiche Sonnenanbeter und Badelustige. Abends ziehen dicke Rauchschwaden über das Isartal und künden von unzähligen Grillfeuern …

Gabriel von Seidl und das Isartal

Gabriel von Seidl (1848–1913), dem großen Münchner Baumeister, haben wir es zu verdanken, dass wir heute noch so unbeschwert in dieser relativ ursprünglich erhaltenen Flusslandschaft wandern können. Zusammen mit seinem Bruder Emanuel prägte er maßgeblich das Stadtbild um die Jahrhundertwende. In der Theatinerstraße Nr. 33 in eine kinderreiche Familie geboren, war auch ihm die Liebe zur Isar in die Wiege gelegt. Als Gabriel von Seidl im Jahre 1902 südlich von Baierbrunn spazieren ging, stand er plötzlich vor einem Zaun, der den bisher freien Weg versperrte. Er reagierte sofort, schrieb flammende Briefe und Zeitungsartikel und schloss sich mit Gleichgesinnten zu einem Verein zur Erhaltung der landschaftlichen Schönheiten des Isartals zusammen. Damit war der Isartalverein gegründet, der sich bis in die heutige Zeit hinein um die Erhaltung dieser wertvollen Erholungslandschaft kümmert. Durch Stiftungsgelder und Gönner konnten gefährdete Grundstücke aufgekauft werden, meist mit wunderbarer Aussicht, die nun der Allgemeinheit zur Verfügung stehen. Auf der Hochleite bei Höllriegels-

Denkmal für den Münchner Architekten Gabriel von Seidl

kreuth hat der Verein dem Gründer ein Denkmal gesetzt. Die Figur des heiligen Georg, der gegen die Drachen kämpft und sie besiegt, soll den lebenslangen Kampf Gabriel von Seidls, unter dem Motto »Echtes ehren, Schlechtes wehren«, verkörpern.

Der Kampf Gabriel von Seidls und des Isartalvereins hat sich gelohnt: Naturliebhaber können sich noch in unseren Tagen einer bemerkenswert schönen Vegetation und Artenvielfalt erfreuen. Neben Weiden und Tamarisken, die direkt am Ufer stehen, fühlen sich etwas weiter entfernt Kiefern und Erlen wohl. Im Frühling bewundern wir Leberblümchen, Mehlprimeln und Pestwurz in großer Anzahl, auf den Kiesflächen gedeihen Alpenblumen, deren Samen die Isar aus dem Karwendel bis hierher ins Alpenvorland geschwemmt hat. Alpenleinkraut, Steinröschen und Enziane erfreuen unsere Augen. Im lichten Kiefernwald wachsen im hohen Gras sogar Frauenschuh und andere Orchideenarten wie Händelwurz, Fliegenragwurz und Knabenkraut. Hier fühlen wir, wie der Alltag langsam weicht, wie sich eine wohltuende Ruhe in uns ausbreitet und sich die Gedanken und Sinne nur auf die nächsten Stunden und die vor uns liegenden Tage konzentrieren. Wir freuen uns darauf, die kleinen und großen Dinge, die dieser Weg zu bieten hat, aufzunehmen und zu genießen.

Alte Burgen

Die Herrschaft in unserem Raum teilten sich im frühen Mittelalter die mächtigen Grafen von Andechs, das Bistum Freising und ab 1180 die Wittelsbacher. Die Herzöge von Bayern ließen sich ihre Grundherrschaften von Rittern, die zum Kriegsdienst verpflichtet waren, verwalten und bewachen. Diese Ritter saßen in befestigten Wohnsitzen auf künstlich aufgeworfenen Hügeln. Wenn Feinde im Land standen, konnten sich Ritter und Herren in ihren Burgen verschanzen. Von diesen Burgen aus war natürlich auch die alte Verkehrs- und Salzstraße bewachbar, die von Freising kommend entlang der Isar, vorbei an Grünwald und Schäftlarn, nach Wolfratshausen verlief. Heinrich der Löwe hatte nicht nur die Salzbrücke und Burg in Oberföhring, die zur Zollhoheit der Bischöfe von Freising gehörten, zerstören lassen, sondern auch die stark befestigte »Römerschanze« südlich von Grünwald.

Ein weiteres Beispiel einer alten Ritterburg finden wir etwa 2 km nordwestlich vom Kloster Schäftlarn: Mit etwas Phantasie können wir noch heute eine große Fliehburg erkennen, die »Birg« oder »Birkschanze«. Die stark überwucherte Anlage hat eine Fläche von 8 ha und stand auf einem Geländevorsprung, der etwa 90 m steil zur Isar abfällt. Die Burganlage, die wahrscheinlich bereits auf die Zeit der Gründung des Klosters Schäftlarn um 760 zurückgeht, wurde zum Schutz vor den ungarischen Reiterkriegern im 10. Jahrhundert zu einer Fliehburg ausgebaut, in der große Menschenmengen Platz fanden. Gegen die rückwärtige Hochfläche zu war die innere Burg durch Abschnittswälle und -gräben geschützt, die auch jetzt noch im Gelände erkennbar sind.

Die Burg Schwaneck allerdings wurde erst 1843 von dem Architekten Ludwigs I., Friedrich Gärtner, für dessen bevorzugten Bildhauer Ludwig Schwanthaler im Stil einer Ritter-

Schäftlarn: Wälle und Gräben der »Birg« aus dem 8.–10. Jahrhundert

burg erbaut. Nach mehrmaligen Umbauten ist heute eine beliebte Jugendherberge darin untergebracht.

Im Fluss unterhalb dieser Burg liegt sperrig der Georgenstein. Er löste sich bei einem Bergsturz und stürzte ins Isarbett. Für die Floße war er immer gefährlich. Seinen Namen hat er nach einem Floßmeister, der kenterte und in höchster Not seinen Namenspatron Georg anrief. Als er glücklich gerettet war, ließ er ein Standbild auf dem Felsen errichten.

Von alters her wird auf der Isar geflößt. Früher war das Floßfahren ein ernstes Gewerbe, dazu eine wichtige Transportmöglichkeit. Fast alle Güter wurden auf diese Weise transportiert, Nahrungsmittel, Salz, Kies, Steine und natürlich Holz. Für den Bau der Münchner Frauenkirche fuhren etwa 140 Floße mit 2600 Baumstämmen die Isar herunter. Später nahm man auf diesen Wasserreisen, die sogar bis nach Österreich oder Ungarn gingen, auch Passagiere mit. Vielleicht ist man deshalb in jüngerer Zeit, als der Güterverkehr auf den Eisenbahnen und Straßen wirtschaftlicher und die Zahl der Floße immer geringer wurde, auf die Idee gekommen, sommerliche Floßfahrten zu organisieren, die nur dem Vergnügen der Mitfahrer dienen. Jedenfalls ist auf der Isar jetzt wieder Leben!

Kloster Schäftlarn

Auf einem der schönsten Flecken im Isartal steht das Kloster Schäftlarn. Bereits im Jahre 762 weihte der Bischof von Freising das erste Kirchlein ein, das der Adelige und Priester Waltrich zum Mittelpunkt eines Benediktinerklosters gemacht hatte. 1140 wurde Schäftlarn als Prämonstratenserprobstei vom Bischof von Freising eingerichtet; es sollte bewegte Jahrhunderte erleben. Im 18. Jahrhundert waren Kloster und Kirche baufällig und mussten neu gebaut werden.

Wer vor der schlichten Fassade steht, ahnt nicht, welch barockes Meisterwerk sich dahinter verbirgt. Nicht überladen, sondern harmonisch und heiter wirkt der Innenraum, die Schönheit wird noch verklärt durch das helle Licht, das durch die großen Fenster hereinfällt. Der Blick zur Decke öffnet das Bilderbuch der Geschichte: Auf dem Gemälde in der Kuppel empfängt der erste Probst Engelbert von Bischof Otto die Stiftungsurkunde. Sogar die Isar ist auf der Decke verewigt, mit einem Schifflein in den Wellen. Von einem Turm aus segnet St. Norbert das ganze Isartal. Johann Baptist Zimmermann (1680–1758) malte die wundervollen Deckenfresken.

An der Entstehung der Kirche war ein halbes Dutzend berühmter altbayerischer Künstler beteiligt. Nach Plänen von François Cuvilliés (1695–1768) wurde der Bau begonnen, später zog man den Kirchenbaumeister Johann Michael Fi-

Klosterkirche Schäftlarn: Blick in die Chorkuppel mit der Vision des hl. Norbert

scher hinzu. Der Hochaltar stammt aus der Werkstätte von Johann Baptist Straub.

Auch Kloster Schäftlarn wurde 1803 durch die Säkularisation aufgehoben. Im Jahre 1866 gab es König Ludwig I. den Benediktinern zurück, 1910 wurde es von Prinzregent Luitpold zur Abtei erhoben.

Heutzutage genießen die meisten Münchner nach einer Wanderung durchs Isartal zuerst eine Brotzeit im Garten des Klosterbräustüberls, bevor sie die Kirche besuchen.

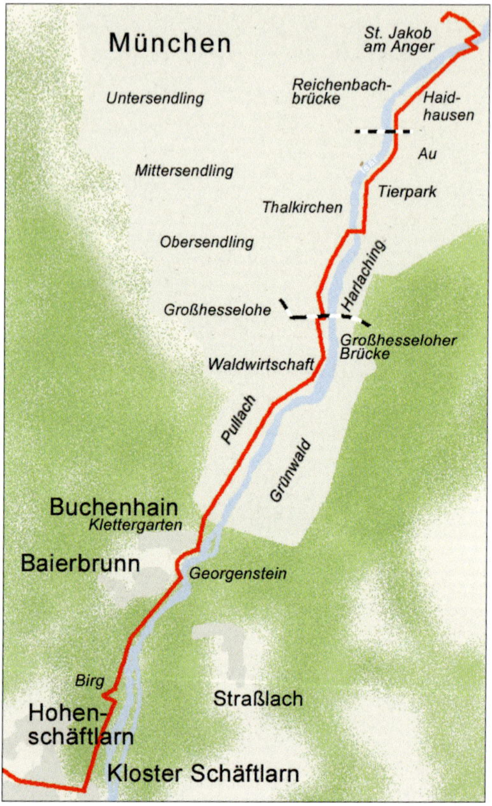

Wegbeschreibung: Erster Wandertag

Die St. Jakobskirche am **Jakobsplatz** ist der ideale Startpunkt für den etwa 2700 km weiten Weg nach Santiago. Sie geht auf eine alte Jakobskapelle zurück. Die Armen Schulschwestern des **Angerklosters** nehmen noch heute gerne die Anmeldungen der Jakobspilger entgegen, die sich nach Santiago aussenden lassen wollen, und besorgen den begehrten Pilgerpass.

Wir befinden uns zwar mitten in der Stadt, doch zur Isar ist es nicht weit. Über den **Marienplatz** oder den Viktualienmarkt kommen wir zum Tal, laufen geradeaus zum **Isartor** und stehen bereits nach wenigen Minuten auf der **Ludwigsbrücke**. Hier ließ Heinrich der Löwe 1158 eine Holzbrücke errichten und kassierte von den Händlern Brückenzoll, was zur Gründung Münchens führte.

Wir überqueren die Brücke, wenden uns nach rechts, folgen der Isar südwärts bis zum **Deutschen Museum**, durchqueren nach links dessen Eingangshof und wandern auf dem **Planetenweg** am Isar-Ostufer entlang zum Tierpark. Gedanklich in unserem Sonnensystem unterwegs, schlendern wir an Corneliusbrücke, Reichenbachbrücke und Wittelsbacherbrücke vorbei und unterqueren die Braunauer Eisenbahnbrücke und den Mittleren Ring. Das Rauschen der Isar in den **Flaucheranlagen** bringt uns wieder auf die Erde zurück. Amüsiert beobachten wir die Sonnenanbeter auf den kleinen Kiesinseln des Flusses und freuen uns am nahen Tierpark **Hellabrunn** über die vielen Kinder im Streichelzoo. Der Tierpark wurde 1911 gegründet, plätschernde Seitenarme der Isar beleben ihn, er zählt zu den landschaftlich schönsten Zoos Europas.

Blick in die Isarauen von der Brücke bei der Marienklause

Bei der **Marienklause** überqueren wir die Isar westwärts, kommen zum **Hinterbrühler See** und betrachten interessiert das große Flößerdenkmal, das an die uralte Flößertradition im Isartal erinnert. Heute können Vereine, Firmen oder Familien, die etwas zum Feiern haben, ein Floß mieten und sich von Wolfratshausen nach München schippern lassen. Bis zur Floßlände dauert das etwa sechs Stunden. Bei zünftiger Blasmusik und Bier wird's schnell lustig, die sieben Schleusenrutschen sorgen für zusätzliche Gaudi, wenn das Floß wieder in die Isar eintaucht, das Wasser hoch aufspritzt und die vorne Sitzenden pitschnass werden.

Am Kanal entlang wandern wir zur **Großhesseloher Brücke**. Die Stadt haben wir nun hinter uns gelassen und freuen uns auf die romantische Auenlandschaft des Isartals. Doch zuerst geht's etwas mühsam hinauf zum Hochufer, oben am westlichen Ufer entlang. Die Markierung leitet sicher zur Waldwirtschaft in **Großhesselohe**, wo wir unseren durch den steilen Aufstieg entstandenen Durst hervorragend löschen können. Gestärkt wandern wir weiter nach **Pullach**, verharren kurz am steinernen Denkmal des Gabriel von Seidl, der das Isartal vor der Bebauung gerettet hat.

Noch ein paar Minuten folgen wir dem aussichtsreichen Hochufer des Isartals, bis uns etwa 100 m vor der Autostraße Pullach–Grünwald die Markierung nach links leitet, über eine Treppe steigen wir hinunter zur **Isarbrücke**. Nach dem Überqueren der Straße nehmen wir das schmale Sträßchen geradeaus, lassen das Gasthaus »Brückenwirt« links liegen und wandern isaraufwärts in südlicher Richtung weiter. Am Klettergarten Buchenhain vorbei kommen wir zum malerischen **Georgenstein**, einem ins Flussbett gefallenen Nagelfluhfelsen. Geführt von der Muschel wandern wir am westlichen Ufer zum 7 km entfernten Tagesziel. Etwa 2 km vorher erkennen wir die Wälle einer alten, lange zerstörten Burg, der **Birkschanze**,

Das Wahrzeichen Münchens: Die Türme der Frauenkirche mit der Patrona bavariae

und erreichen, vorbei an einer Mariengrotte, das Klosterdorf **Schäftlarn** mit seiner sehenswerten Barockkirche und dem einladenden Klosterbräustüberl im Gasthof.

Weglänge: ca. 23 km
Topografische Karte: Bayerisches Landesvermessungsamt: 1:50 000, Blatt: Ammersee, Starnberger See und Umgebung
Übernachtungsmöglichkeiten: Pullach, Buchenhain, Klostergasthof in Schäftlarn, Ebenhausen

Der Klosterweg

Im Kloster Wessobrunn wir lesen
Das ältest' deutsch geschrieb'ne Wort,
Spüren den Geist, der hier gewesen,
Und werden still an diesem Ort.

Vom Kloster Schäftlarn nach Andechs

Von der Lebenskunst der Klöster

»Das Kloster ist der Versuch, einen Teil der Welt ideal zu gestalten. Das wird schon in den mittelalterlichen Klosterplänen deutlich: In der Mitte ist die Kirche, es gibt einen Raum zum Essen und zum Schlafen, Werkstätten und einen Platz für die Gäste. Alles soll in der rechten Ordnung stehen. Noch wichtiger ist der innere Aufbau der Gemeinschaft. Da ist der Traum von der Urgemeinde, wie sie in der Apostelgeschichte geschildert wird: »Sie waren ein Herz und eine Seele, niemand nannte etwas sein Eigen, sie hatten alles gemeinsam. Sie hielten an der Lehre der Apostel fest und an der Gemeinschaft, am Brechen des Brotes und an den Gebeten.«

Diese Antwort auf die Frage, was ein Kloster ist, findet sich in dem bemerkenswerten Büchlein des ehemaligen Abts von St. Bonifaz und Andechs, Odilo Lechner, »Weite dein Herz – Lebenskunst aus dem Kloster«, in dem er von der Weisheit der 1500 Jahre alten Benediktusregel erzählt, die er als junger Mann kennen lernte.

Klöster sind es, vor allem Benediktinerklöster, die in den ersten Wandertagen Start und Ziel des Münchner Jakobsweges sind. Einige davon wurden bereits im 8. Jahrhundert gegründet, als das Christentum einen schöpferischen Aufschwung nahm, andere – wie Andechs – beherbergen heute Benediktiner. Die bayerische Kultur- und Geistesgeschichte ist ab diesem 8. Jahrhundert greifbar, Kirchen und Klöster haben deren Entwicklung stark beeinflusst. Im Mittelalter gehörten die Benediktinermönche zu den wichtigsten theologischen und kulturellen Lehrern des Abendlandes.

Über mehr als 1000 Jahre ist Bayern ein Land der Klosterkultur gewesen. Die Säkularisation setzte dem Klosterleben im Jahre 1803 ein jähes Ende. Doch letztlich war es nur eine Unterbrechung, denn schon König Ludwig I. (1786–1868) gab Klöster zurück, und inzwischen gibt es wieder über 300 klösterliche Gemeinschaften in Bayern.

Die meisten Klostergründungen in unserem Raum gingen auf die alten Adelsgeschlechter zurück, die Agilolfinger, Welfen, Huosi und Andechser.

Im Starnberger Land

Unser Pilgerweg führt an den zweit- und drittgrößten Seen Bayerns, dem Starnberger und dem Ammersee vorbei. Der Starnberger See, früher nach seinem Zufluss Würmsee genannt, ist 57 km^2 groß, 21 km lang und 5 km breit. An seiner tiefsten Stelle misst er 123 Meter.

Der Landstrich um den See war bereits vor der christlichen Zeitrechnung bewohnt, die Kelten und später die Römer trugen zur Entwicklung dieses Gebietes bei. Dass Karl der Große im Jahre 742 in der Reismühle zwischen Mühltal und Gauting geboren wurde, ist nicht erwiesen. Urkundlich belegt ist aber, dass er im Jahre 778 in Gauting residierte. Ob er von hier aus seinen Heereszug gegen das maurische Spanien antrat? Auf dem Rückweg jedenfalls geriet seine Nachhut am spanischen Ibaneta-Pass in der Nähe des Klosters Roncesvalles – der ersten Station auf dem spanischen Jakobsweg – in einen Hinterhalt und wurde getötet. Die Heldentaten Karls des Großen und die Geschichte um den Tod seines Gefolgsmannes, des Ritters Roland mit seinem Horn Olifant, wurden im

Das Kreuz im Starnberger See: Ludwig II. fand hier den Tod.

Rolandslied verherrlicht, das zum Liedgut der Jakobspilger wurde.

Im geschichtsträchtigen Starnberger Land stoßen wir am zweiten Wandertag in Berg auf den König-Ludwig-Weg. Bis zur Wieskirche ist er identisch mit unserem Pilgerweg.

Zu König Ludwig II., dem »Märchenkönig«, wandern die Gedanken, sobald man Schloss Berg und den Starnberger See vor Augen hat. Seit dem 17. Jahrhundert gehörte das Schloss den Wittelsbachern. Schon für seinen Vater Max II., besonders aber für den jungen König Ludwig war Berg ein beliebter Aufenthaltsort. Jedes Jahr im Frühling zog es ihn an den Starnberger See. Auf der Roseninsel traf er sich mit seiner Lieblingscousine Sissi, der späteren Kaiserin Elisabeth von Österreich und Königin von Ungarn. Die beiden sollen sich sehr zugetan gewesen sein.

Da der König viel Zeit in Berg verbrachte, wurde der kleine Ort zum Treffpunkt der ganzen Welt. Auch der Komponist Richard Wagner, den er finanziell unterstützte, hat ihn oft besucht und ließ sich hier zum »Ring der Nibelungen« und den »Meistersingern« inspirieren.

Weil König Ludwig II. seine Träume auch in vielen prunkvollen Schlossbauten verwirklichte (Herrenchiemsee, Linderhof, Neuschwanstein), die Unmengen Geld schluckten, hatte er viele Gegner. Im Alter von 40 Jahren starb er 1886 unter mysteriösen Umständen im Starnberger See unweit Berg. Ein Kreuz erinnert im Wasser an die Stelle, wo seine Leiche und die seines Arztes gefunden wurden. Die Spekulationen über seinen geheimnisvollen Tod bewegen noch heute die Gemüter. Seine Bauten sind zu einem beliebten Ausflugsziel für die zahlreichen Touristen geworden. Die Schulden, die er hinterließ, sind dadurch längst wieder in die bayerischen Kassen zurückgeflossen.

Der »Heilige Berg« und die Andechser

Wer auf dem 177 m über dem Ammersee liegenden Burgberg steht, hat uralten geschichtlichen Boden unter den Füßen. Wo sich heute das Kloster befindet, stand einst die feste Burg der Grafen von Dießen-Andechs, die im frühen Mittelalter zu den mächtigsten Adelsgeschlechtern Europas gehörten. Um 1130 verließen sie ihre Burg bei Dießen und übersiedelten auf den Berg am Ostufer des Ammersees, der strategisch wohl günstiger lag.

Im 12. Jahrhundert reichte ihr Besitz vom Obermain bis zur Adria, sie waren Grafen von Istrien und Burgund, Herzöge von Kroatien, Dalmatien und Meranien, Vögte der Abteien Tegernsee, Benediktbeuren und Neustift in Tirol sowie der

Hochstifte Bamberg und Brixen. Berthold VII. von Andechs war der letzte bedeutende Patriarch von Aquileja. Seine Töchter Agnes und Gertrud heirateten in die Königshäuser von Frankreich und Ungarn ein. Hedwig folgte ihrem Gemahl nach Schlesien und wurde die große Heilige Schlesiens. In der Mitte des 13. Jahrhunderts starb das Adelsgeschlecht aus, die Stammburg der Grafen von Dießen-Andechs wurde von den Wittelsbachern zerstört, an ihrer Stelle verblieb eine Wallfahrtskapelle.

Schon im 10. Jahrhundert soll ein Ahnherr der Andechser, der hl. Rasso, Reliquien aus dem Heiligen Land in die Burgkapelle von Andechs gebracht haben. Dieser Reliquienschatz wurde von den Grafen in der Folgezeit ständig vermehrt, darunter auch um die »Heiligen Drei Hostien«. Nach dem Untergang der Andechser waren sie lange Zeit ver-

Darstellung der Mauslegende in der Andechser Kirche (um 1609)

schollen. Offenbar waren sie so gut versteckt, dass es 180 Jahre dauerte, bis man sie wieder fand. Die Wiederentdeckung 1388 ist mit einer schönen Legende verknüpft: »Als der Caplan Jakob Dachauer die heilige Messe feierte, beobachtete er am Fuß des Altars eine Maus, welche einen Zettel, mit dem man heilige Reliquien zu versehen und zu unterscheiden pflegte, bei einer kleinen Öffnung der Altarstufen hervorbrachte.«

Das muss in der alten Burgkapelle gewesen sein. Man brachte den Schatz in die Lorenzkapelle im Alten Hof in München und er wurde im Heiligen Jahr 1392 zum Mittelpunkt der Verehrung.

Herzog Ernst von Bayern gründete um 1437/38 ein Chorherrenstift auf Andechs. Sein Sohn Herzog Albrecht III., im Volkswissen der bekannteste Wittelsbacher – er hatte die schöne Augsburgerin Agnes Bernauer geheiratet, die sein Vater aus Staatsräson ertränken ließ –, holte Mönche aus dem Kloster Tegernsee, die 1455 in Andechs einzogen, und ließ die Klosterkirche bauen. Er ist der eigentliche Gründer des Benediktinerklosters. Neben dem Melker Reformgeist brachten die Mönche auch die Kunst des Bierbrauens mit. Sowohl die Benediktiner als auch das Bier sind Andechs bis heute treu geblieben.

Die Reliquien wurden im 15. Jahrhundert nach Andechs zurückgebracht. Seit dieser Zeit wird der Berg »Heiliger Berg« genannt.

Die Andechser waren aber nicht nur eines der mächtigsten Adelsgeschlechter Bayerns, sie brachten auch ungewöhnlich viele Heilige hervor. In der Barockkirche in Dießen sind auf einem Fresko im »Heiligenhimmel« 28 Männer und Frauen dieser Familie dargestellt.

Uns interessierte aus der ganzen Schar eine besonders, weil sie uns noch ein Stück des Weges begleitete: die hl. Mecht-

Das Marienmünster in Dießen

hild (1125–1160). Den größten Teil ihres Lebens verbrachte sie in Dießen, wo sie im Marienmünster mehrfach abgebildet ist. Ihre Wiege stand in der Sconenburg (Schönburg) auf dem Schatzberg. Bereits mit fünf Jahren wurde sie von ihren Eltern getrennt und ins Frauenstift St. Stephan in Dießen gebracht, wo sie ihre Schulzeit verbrachte. Mit 14 Jahren wurde sie Chorfrau, im Alter von 28 Jahren musste sie gegen ihren Willen das Stift Edelstetten als Äbtissin übernehmen, das dem Einsturz nahe war. Sie stellte Kirche und Kloster wieder her und ordnete das geistliche Leben. Danach kehrte sie nach Dießen zurück und starb dort mit nur 35 Jahren.

Auf dem Weg von Dießen nach Wessobrunn kommt man hinter Dießen an einer kleinen Kapelle und am »Mechtildisbrunnen« vorbei, einer Quelle, der heilende Wirkung bei

Augenleiden zugeschrieben wird. Ein Stück weiter oben, am Schatzberg, findet sich auf einer Erinnerungstafel neben der Burgkapelle noch ein Hinweis auf Mechthild: Sie wurde von jeher bei Unwettern oder Gewittern angerufen. Noch heute pilgern die Dießener Bürger jedes Jahr am Sonntag vor Pfingsten auf den Burgberg, um Mechthild um Schutz vor Unwettern zu bitten. Wie so manche heutige Wanderer, die sich vor Gewittern fürchten, baten auch wir nach alter Pilgertradition Mechthild um ihren Schutz. Wir mussten kein Gewitter draußen erleben.

Wie viele Wallfahrtsorte übt auch Andechs noch immer eine starke Anziehungskraft aus. Ob es von jeher ein »Ort der Kraft« war, an dem sich Menschen wohl fühlen, neue Kräfte sammeln – und zur Besinnung kommen konnten? Schon im Alten Testament wird erwähnt, dass es Orte mit bestimmter Heilkraft gibt. Gründungslegenden von Klöstern und Wallfahrtskirchen erzählen von visionären Erscheinungen oder göttlichen Stimmen, um den richtigen Standort für Gnadenbilder zu offenbaren.

In den letzten Jahren ist es wieder modern geworden, über die Anziehung solcher Orte nachzudenken und darüber, ob diese Wirkung mit einer

Der Mechtildisbrunnen zwischen Dießen und Wessobrunn

Die Klosterkirche von Andechs

besonderen Ausstrahlung in Zusammenhang gebracht werden könne. Es wird vermutet und untersucht, ob »Kraftlinien« von Andechs aus zum Ammersee, dem Kloster Dießen, der Mechthilds-Quelle und bis hinauf zum Schatzberg verlaufen, die für eine besonders positive Wirkung sorgen.

Ob es sich in Andechs um einen »Ort der Kraft« handelt, oder ob die Schönheit der Klosterkirche oder gar das gute Klosterbier die große Anziehung verursachen, möge jeder Andechs-Besucher für sich selbst herausfinden.

Die Wallfahrtskirche jedenfalls sollte jeden Pilger anziehen. Die ursprünglich gotische Kirche wurde bis zum 18. Jahrhundert in Barock und Rokoko gefasst, Kunstkenner vergleichen sie mit der berühmten Wieskirche, obwohl sie keine reine Barockkirche ist, sondern man noch das Raumgefühl der spätgotischen Halle erahnen kann. Es ist lohnenswert, im Klosterladen die Beschreibung der Kirche zu erwerben und sich die Zeit zu nehmen, sie in Ruhe anzuschauen.

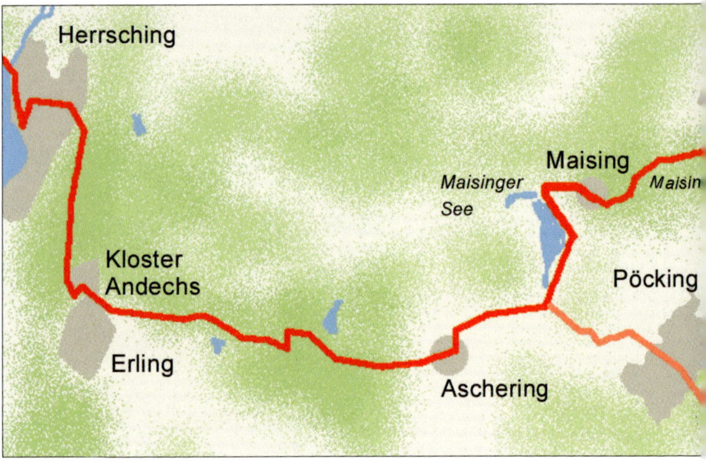

Wegbeschreibung: Zweiter Wandertag

Etwa 100 m hinter der Klosterkirche **Schäftlarn** auf der Straße nach Hohenschäftlarn weist ein Muschelschild links den Berg hinauf. Wer noch nicht ganz ausgeschlafen hat, wird spätestens auf dem Stufenweg hellwach, auf dem man den Isarsteilhang erklimmt. Doch es dauert nur etwa eine Viertelstunde bis nach Ebenhausen und ab hier geht's gemütlicher auf und ab.

Wir überqueren Straße und S-Bahn-Gleise in **Ebenhausen** und wählen den Wanderweg nach **Zell**. Beim leichten Anstieg auf der Teerstraße lassen wir das Sanatorium rechts liegen und kommen an hübschen Bauernhäusern mit schönen Gärten vorbei. Links des Weges taucht die Friedhofskirche St. Michael auf. Da außen auf einer Tafel steht, dass sie schon am 1. Dezember 1206 eingeweiht wurde, können wir ihr nicht widerstehen. Im Inneren sind einige gut erhaltene Fresken aus dem 15. Jahrhundert erst seit 1952 wieder freigelegt. Uns interessieren be-

sonders die an der rechten Wand: Der Teufel bricht den Segelmast eines Schiffes ab, das sich in Seenot befindet. Über dem Geschehen thront eine Figur, von der es heißt, dass es sich um Christus, genauso aber auch um Nikolaus oder Jakobus handeln könnte. Leider ist die alte Friedhofskirche nicht immer geöffnet, wir hatten Glück.

Wir wandern weiter in Richtung **Neufahrn**, am linken Waldrand zieht uns eine kleine Kapelle mit einer wunderschönen Madonna an. Sie steht direkt neben einer mächtigen Buche, die mindestens einen Durchmesser von 6 m hat. Wir kuscheln uns in ihre dicken Wurzeln wie in einen Sessel, genießen für eine kleine Weile ihre Wärme, bevor wir uns gestärkt wieder auf den Weg machen, hinter der Kapelle die Autobahn A 95 unterqueren und auf einem geteerten Sträßchen über Neufahrn und dahinter auf Flur- und Waldwegen mit Sicht auf die hübsche Hügellandschaft **Harkirchen** erreichen.

Hinter dem Ort an einer Wegkreuzung müssen wir uns entscheiden. Auf einer großen Tafel werden uns zwei Alternativ-

routen angeboten: Der Hauptweg zweigt rechts nach **Manthal** mit Gasthaus und Biergarten ab. Das zweite Muschelschild weist nach links auf eine empfehlenswerte Variante über **Berg/Aufkirchen** hin, die auf einer Tafel von der Gemeinde liebevoll beschrieben wurde:

»Liebe Pilger! Da die Zeit für Pilger von untergeordneter Bedeutung ist, möchten wir Ihnen an dieser Stelle zwei unterschiedlich lange Wege durch unsere Gemeinde anbieten.

Der **rote Weg**, der ein Stück nach Norden und gleich darauf nach Westen weist, führt Sie über das Manthal und Kempfenhausen nach Starnberg und weiter nach Maising, Aschering und Andechs.

Der **grüne Weg** nach Süden leitet Sie nach Aufkirchen zur Wallfahrtskirche Mariä Himmelfahrt. Die spätgotische Wallfahrtskirche ist ein besonderes Schmuckstück und beherbergt das Gnadenbild der Muttergottes mit Jesuskind sowie eine Statue Jakobus des Älteren als Pilger. In der Kirche finden Sie auch den Pilgerstempel. Dieser Weg führt Sie weiter über den Kreuzweg nach Leoni. In Leoni finden Sie im Anschluss an den Kreuzweg einen weiteren Bildstock, der durch seine fast identische Architektur auf den ersten Blick eine weitere Station zu sein scheint. An der Bildstockrückseite findet sich auch hier ein eingelegtes Medaillon, das die Jahreszahl 1882 trägt. Diese Station ist dem hl. Jakobus gewidmet. Ein Weg, der sich immer lohnt.

In Leoni können Sie von Mitte April bis Ende Oktober mit dem Schiff täglich um 10.57 Uhr bzw. 14.52 Uhr nach Possenhofen/Pöcking übersetzen. In Possenhofen finden Sie die Anschlussmarkierung, die Sie sicher auf den Hauptweg Richtung Andechs leitet.

Von Leoni aus können Sie aber auch durch den Schlosspark zur Votivkapelle, der Gedenkstätte für König Ludwig II., wandern. Der Weg führt Sie in der Fortsetzung durch Unterberg wieder nach Kempfenhausen und auf die Route über Starnberg nach Andechs. Folgen Sie ab Leoni dem Hinweis Votivkapelle bzw. der Jakobsmuschel.«

Wer sich lieber in **Manthal** im Biergarten erfrischt, nimmt von da aus den kürzesten Weg zum **Starnberger See** hinunter. Hier stoßen wir am Ufer auf den König-Ludwig-Weg, der in Berg beginnt und bis Füssen führt. Unser Muschelschild und das blaue K auf weißem Grund werden in den nächsten drei Tagen den Weg weisen. Heute leiten sie uns am nördlichen Seeufer entlang nach Starnberg, Richtung Söcking, und durch die romantische Maisinger Schlucht nach **Aschering**. Anders als gestern im Isartal ist die Landschaft hier offener, bei klarer Sicht tun sich erste Ausblicke auf die Berge auf. Vorbei am Gefängnis Rothenfeld erreichen wir den Parkplatz an der Autostraße Perchting–Erling und schlendern auf dem Kreuzweg nach **Andechs** und hinauf zum Heiligen Berg mit seiner weithin sichtbaren Kirche.

Nach einem dunklen Andechser Bier und einer deftigen Brotzeit im Klosterbräustüberl können müde Wanderer nachts auf jeden Fall gut schlafen. Wer zum Übernachten nach **Herrsching** möchte, steigt links von der Klosterkirche die Stufen hinab, danach etwa 200 Höhenmeter abwärts ins reizvolle Kiental, und ist in etwa 40 Minuten am **Ammersee**.

Weglänge: Hauptroute: ca. 26 km; Alternativroute: 27 km
Topografische Karte: Bayerisches Landesvermessungsamt: 1:50 000, Blatt: Ammersee, Starnberger See und Umgebung
Übernachtungsmöglichkeiten: Neufahrn, Aufkirchen, Leoni, Possenhofen, Pöcking, Kempfenhausen, Starnberg, Andechs/Erling, Herrsching

Von Andechs/Herrsching zum Kloster Wessobrunn

Der Ammersee und die »Jakobsgemeinde« Schondorf

Als wir nach Santiago pilgerten, wanderten wir auf dem Lieblingsweg aller Andechs-Besucher durch das Kiental nach Herrsching hinunter und nahmen das Schiff nach Dießen. Welches Kleinod uns – neben der sanften Schönheit der Landschaft rings um den Ammersee – noch entgangen war, bemerkten wir erst nach der Heimkehr, als wir bei Recherchen für den »Münchner Jakobsweg« die Möglichkeiten eines Landweges erkundeten und dabei den Ammersee umrundeten. Das romanische Kirchlein St. Jakob in Schondorf, ein wenig erhöht gegenüber der Dampferanlegestelle, stach uns sofort in die Augen, erinnerte es uns doch an viele ähnliche Kirchen, die wir auf dem Pilgerweg in Frankreich und Spanien gesehen hatten. Der Bürgermeister von Schondorf schenkte uns die sehr informative Festschrift zur

St. Jakobskirche in Schondorf, erbaut um 1149

Barocker Hochaltar in St. Jakob. Figuren von Ambrosius Degler, Weilheim

850-Jahr-Feier des Jakobskirchleins im Jahr 1999 und bot sich an, einen Teil der Einweihungs-Feierlichkeiten des Münchner Jakobsweges am Ammersee mitzugestalten.

St. Jakob wurde etwa 1149 gebaut, die ursprüngliche Funktion aber ist umstritten. Ob es sich um eine Burgkapelle des Adelsgeschlechtes der Schondorfer handelte, um eine Wehr- oder Fluchtkirche oder doch um eine Pilgerkirche, ist bisher unbewiesen. Eine Pilgerherberge soll angeblich deshalb ausscheiden, weil hier kein Pilgerweg direkt vorbeiführte und die Römerstraße 4 km weiter westlich bei Schondorf verlief.

Aber wie oft haben wir am Camino de Santiago erfahren, dass Pilger im Mittelalter tage- und wochenlange Umwege in Kauf nahmen, um eine Kirche, ein Kloster oder ein Marienheiligtum zu besuchen! Und in Frankreich und Spanien sind Kirchen, die auch als Herberge dienen, nicht selten. Auch heute noch finden sich darin Nischen mit Tischen und Stühlen, die von den Pilgern zum Essen, Rasten und Schlafen genutzt werden. Was auch für eine Pilgerkirche spricht, ist ihre Zweigeschossigkeit: Außen auf der Westseite in etwa 5 m Höhe befindet sich eine vermauerte Einstiegsöffnung, die früher ins Dachgeschoss führte, es gibt Hinweise auf eine sakrale Nutzung.

Hier im Umkreis ist diese Jakobskirche einzigartig. In Bayern gibt es nur ganz wenige vergleichbare Kirchen – turmähnlich, unverputzt und mehrgeschossig. Der Tuffquaderbau erinnert an ein wehrhaftes Gebäude. Innen kommt dem Raum zugute, dass in der Barockzeit weder Stuck noch Deckengemälde angebracht wurden, weil vermutlich wenig Geld vorhanden war. Der Hochaltar allerdings ist eine vorzügliche Arbeit aus dem 17. Jahrhundert, an dem der Pilger auf Jakobus trifft. Ein Auszug aus der Festschrift: »Über der Mensa mit einem reizvoll bemalten Antependium – der hl. Jakobus als Pilger zwischen Blumendekor – erhebt sich die Predella (eine hohe Sockelzone) mit dem Tabernakel, seitlich Volutenanschwünge, die in ›Ohrmuscheln‹ auslaufen. In der Mittelnische (der Retabel) steht die Figur des Kirchenpatrons, des heiligen Jakobus des Älteren, seitlich unter Baldachinen die heiligen Paulus und Katharina, alle drei typische Schnitzwerke des Weilheimers Ambrosius Degler, einem Zeitgenossen und Werkstadtmitschüler des berühmten Lorenz Luidl in Landsberg.«

Der Besuch des zauberhaften Jakobskirchleins am Ammersee bedeutet für den Wanderer auf dem Münchner Jakobsweg einen zusätzlichen Tag über Schondorf, den man ob seiner Schönheit aber gerne in Kauf nimmt.

Das Kloster- und Stuckatorendorf Wessobrunn

»Es begab sich im Jahre 753. Tassilo, ein Sohn des Herzogs Odilo, hielt sich im Grenzgebiet seines Herzogtums Bajuwarien auf, das zu jener Zeit regiert wurde wie ein selbstständiges Königreich. Im Rottwald, zwischen Ammer und Lech, ging er einmal der Eberjagd nach. Während der Nacht sah sich Tassilo im Traum bei einem Brunnen stehen, dessen Wasser von vier Seiten auf ihn zusprang. Im Süden ragte eine Leiter zum Himmel empor. Daran schwebten Engel des Herrn auf und nieder. Der heilige Apostelfürst Petrus aber stand oben an der Leiter und sang das Offizium, wie es beim Kirchweihfest gesungen wird. Einer der Jäger hieß Taringer, der andere Wesso. Wesso führte den Herzog zu einer Quelle, die in Kreuzesform aus der Erde sprang. Sie wird noch heute Quelle des Wesso genannt. Dort errichtete Tassilo mit Hilfe des Bonifaz ein Kloster, das den Namen des Wesso trug, und bereicherte es mit weiterem Grund und Boden. Unser erster Abt, Ilsung, als Mönch vom Kloster Altaich gekommen, ist am 14. Mai gestorben, nachdem er 41 Jahre lang das Kloster gewissenhaft geleitet hatte.«

Der »Graue Herzog« in Wessobrunn, romanischer Glockenturm des ehemaligen Münsters

Diese Gründungslegende schrieb der Chronist Coelestin Leutner im Jahre 1753, zur 1000-Jahr-Feier des Klosters Wessobrunn nieder.

Tassilo III. war der Letzte aus dem Geschlecht der Agilolfinger, der ersten Fürsten-Dynastie in Deutschland, die schon um 548 die Herrschaft in Bayern übernommen hatte. Da sein Vater Odilo im Jahre 748 starb, war Tassilo bereits mit sechs Jahren Herzog. Seine Mutter Hiltrud und sein Onkel Pippin,

Kinder von Karl Martell, teilten sich die Vormundschaft. Mit 40 Jahren starb 754 auch Tassilos Mutter, sein Onkel Pippin war nun alleiniger Vormund. Schon ab diesem Zeitpunkt versuchten die Karolinger, die Herrschaft über Bayern zu beanspruchen. Doch Tassilo hielt sich zunächst tapfer. Er führte ein sehr unruhiges Leben, regierte ein großes Reich, das vom Arber bis zum Schlern und vom Lech bis zur Enns reichte. Die Klöster, die er bauen ließ, leisteten eine beispiellose Kulturarbeit. Seine Residenzstadt war Regensburg. Das einfache Volk liebte ihn. Als einer der wenigen Herrscher dieser Zeit konnte er schreiben und herrschte über eine lange Zeit hinweg sehr erfolgreich. Als er sich allerdings, ohne Gespür für die politische Realität, mit den Hunnen gegen die Franken verbündete, war sein Schicksal besiegelt: Karl der Große, der Sohn Pippins, setzte ihn im Jahre 788 ab und steckte ihn ins Kloster. 794 wurde er zum Verzicht auf sein Herzogtum gezwungen. Damit verloren die Agilolfinger die Herrschaft in Bayern.

Wenn man heute Wessobrunn besucht, wird man unwillkürlich ein wenig traurig: Bei der Säkularisation wurden drei Viertel der gesamten Klosteranlage abgerissen, einschließlich der Kirche. Was von dem alten Benediktinerstift übrig geblieben ist, ist nur mehr eine Erinnerung, wenn auch eine beeindruckende. Der etwa um 1250 errichtete frei stehende Glockenturm des Münsters, »Grauer Herzog« genannt, stellt ein Wahrzeichen von Wessobrunn dar. Neben ihm die anlässlich der 1200-Jahr-Feier innen restaurierte Pfarrkirche aus der Mitte des 18. Jahrhunderts. Das größte und älteste Kunstwerk der Kirche ist ein überlebensgroßes spätromanisches Kruzifix, nach 1250 von einem unbekannten Meister geschnitzt. Hans Geiger gibt in seiner Sammlung von Gedichten in Wessobrunner Mundart auch eines über »s alte Kreiz« wieder:

Da Herr da drobn
im Schmerz alloa,
sei Leib verkrümmt,
schwer wia a Stoa,
weil de ganz Menschheit
an eahm hängt,
vielleicht hot so
da Schnitzer denkt.

Vor dem Gasthof Post steht unter einer alten Dorflinde ein Findlingsstein. Er enthält den Urtext des weltbekannten »Wessobrunner Gebets«, durch welches der Name des Klosterdorfes in die deutsche Kultur- und Literaturgeschichte eingegangen ist. Wie durch ein Wunder ist diese althochdeutsche Dichtung, eines der ältesten Sprach- und Schriftdenkmale der deutschen Sprache, das hier etwa im Jahr 800 entstanden ist, erhalten geblieben:

Wessobrunn: Der Findlingsstein mit dem Urtext des »Wessobrunner Gebets« wurde 1875 errichtet.

Das erfragte ich unter den Menschen
als des Wissens Größtes:
Dass die Erde nicht war
noch der hohe Himmel,
noch Baum noch Berg war,
noch irgend etwas,
noch die Sonne schien,
noch der Mond leuchtete,
noch das Meer war.
Als da nichts war von Enden und Grenzen,
da war doch der eine allmächtige Gott,
den Menschen ganz milde,
und da waren auch mit ihm
viele gottähnliche Geister,
und Gott war heilig.
Allmächtiger Gott,
der du Himmel und Erde geschaffen
und den Menschen so manch Gutes verliehen hast,
verleih mir in deiner Gnade
rechten Glauben und guten Willen,
Weisheit und Klugheit und Kraft,
den Teufeln zu widerstehen
und das Arge zu meiden
und deinen Willen zu vollbringen.

Was Wessobrunn noch bekannter und berühmter werden ließ, waren seine Baumeister, Stuckateure und Maler. Die aus einfachen Handwerkern hervorgegangene Wessobrunner »Stuckatorenschule« wurde zu einem Begriff in der Kunstgeschichte Bayerns. Im 17. und 18. Jahrhundert gehörten ihr fast 1000 Baumeister und Stuckatoren an, die über 3000 Kirchen und Schlösser im In- und Ausland mit ihrer barocken Kunst schmückten. Man holte sie nach Potsdam und Berlin,

Schlesien, Versailles und Rom, Dänemark und Moskau, Athen und Spanien, ja sogar bis nach Mexiko.

Zu den bekanntesten Wessobrunnern zählte die Familie Schmuzer, die sieben Künstler hervorgebracht hat. Der Erste, Georg, wirkte zwischen 1621 und 1628, Johannes schlug zuerst die Brücke ins 18. Jahrhundert, Joseph Schmuzer (1683–1725) war sicher der bedeutendste Vertreter der Familie. Der Stuck des Wessobrunner Benediktinerklosters ist im Wesentlichen seine Leistung, wobei ihm sein Sohn Franz nicht nur hier zur Seite stand.

Neben den Schmuzers waren es besonders die Brüder Johann und Dominikus Zimmermann, die in aller Welt bekannt wurden, allein durch ihre Stuckarbeiten in Ottobeuren, Andechs, Landsberg, Ettal, Schäftlarn, Rottenbuch und in der Wieskirche haben sie sich einen unsterblichen Namen gemacht.

Zu dem wenigen, was in Wessobrunn von der alten Pracht geblieben ist, zählt der von Johann Schmuzer unter Mitarbeit seiner Söhne Franz und Joseph mit prachtvollen Deckenstuckaturen versehene Tassilo-Saal. Früher wurde er als Jagdsaal benutzt und zeigt spielerische Szenen mit jagenden Hunden unter herrlich geschnittenen Blätterranken. Mit wundervollen barocken Stuckverzierungen sind das Treppenhaus und die Gänge des Fürstentraktes versehen. In einer großen Muschelnische des Jagdsaals entdecken wir eine spätgotische, lebensgroße Holzfigur des hl. Jakobus. Leider konnten wir nichts Näheres über ihre Herkunft erfahren, die Figur wurde irgendwann beschädigt in einem Keller gefunden und wieder hergerichtet.

Zum 1250-jährigen Bestehen des Klosters Wessobrunn im Jahr 2003 wurde der berühmte Fürstentrakt zwei Jahre lang originalgetreu restauriert. Er erstrahlt jetzt wieder in altem Glanz.

Wegbeschreibung: Dritter Wandertag

Heute haben wir die Qual der Wahl: Da wir uns in einer herrlichen Wandergegend befinden, mit wunderschönen Seen und noch schöneren Kirchen, bieten sich gleich drei Varianten an:

Alternative A: »Für Jakobspilger und Liebhaber romanischer Kirchen« von Herrsching nach Schondorf und Dießen.

Wer romanische Kirchen liebt und einen Vorgeschmack auf die französischen und spanischen Pilgerkirchen bekommen möchte, hält sich an eine alte Pilgertradition: Im Mittelalter nahmen die Pilger große Umwege in Kauf, um Marienheiligtümer oder abseits der Route gelegene Pilgerkirchen zu besuchen.

Für den Weg um den Ammersee muss nur ein zusätzlicher Wandertag veranschlagt werden, aber er lohnt sich, weil er landschaftlich sehr reizvoll und die St. Jakobskirche in Schondorf auf jeden Fall den Umweg wert ist!

Vom **Herrschinger Bahnhof** aus wenden wir uns entweder gleich nach rechts und benutzen den Radweg nach Breitbrunn – oder wir schlendern linker Hand zum See und folgen an der Schiffsanlegestelle dem Uferweg in nördlicher Richtung, der in den kleinen Schlosspark und weiter am See entlang führt. Schon nach kurzer Zeit müssen wir das erste Mal ein paar Meter ausweichen, in Richtung des kleinen Kirchleins, um auf einer Holzbrücke den Bach zu überqueren. Dahinter kehren wir problemlos zum **Seeweg** zurück. Nach ca. 10 Minuten weist unser Muschelschild zum **Rauscher Fußweg**, der sich auf einen Hügel hinaufschwingt und über Rausch, Ellwang und Breitbrunn wieder zum See hinunterführt. Der Weiterweg führt uns wie auf einer Promenade über Buch nach **Stegen** und damit an das nördliche Seeufer.

Von hier aus teilen sich gleich mehrere Rad- und Wanderwege das Westufer, wir wählen den dem See nächstgelege-

nen »Fußweg nach Schondorf«, steigen gleich hinter der Brücke über die Amper die Holzstufen hinab und folgen dem Radweg in Richtung Eching. Nach ca. 300 m verlassen wir den Radweg nach links zum Seeufer, durch das Landschaftsschutzgebiet erreichen wir mühelos unser Tagesziel **Schondorf**.

Der Weg um den See ist zu jeder Jahreszeit reizvoll, besonders im Frühling und Herbst, wenn nicht so viele Wasserfreunde See und Ufer bevölkern. Der hübsch im Voralpenland gelegene Ammersee, die Uferwege mit ihrer abwechslungsreichen Vegetation und vor allem die vielen Wasservögel tierischer und menschlicher Art lassen den Weg sehr kurz erscheinen. Durch die diversen Möglichkeiten, sich direkt an der Seepromenade in Cafés und Seerestaurants niederzulassen, sinnierend am Wasser zu sitzen und dabei Durst und Hunger zu stillen, kann sich die Anzahl der »Wanderstunden« beträchtlich erhöhen …

In **Schondorf** ist es für jeden Jakobspilger ein »Muss«, sich die romanische St. Jakobskirche anzusehen. Sie steht direkt am See gegenüber der Dampferanlegestelle und soll bereits 1149 erbaut worden sein. Wir sind sofort fasziniert von diesem Kirchlein, erinnert sie uns doch auffällig an die Kirchen und Kapellen am Jakobsweg in Frankreich und Spanien, hier im Umkreis ist sie wohl einzigartig. Im Inneren stammt nur der Hochaltar aus der Barockzeit. Da sie sonst nicht sehr verändert wurde, wirkt die buntfarbene Statue des hl. Jakobus des Älteren als Pilger umso mehr auf uns.

Am nächsten oder auch noch am gleichen Tag vollenden wir unsere Runde um den Ammersee und verfolgen den Uferweg bis **Dießen**.

Weiterweg nach Wessobrunn siehe Alternative B.

Alternative B: »Schiffsvariante« von Herrsching nach Wessobrunn.

Der Morgen beschert uns zuerst eine Schifffahrt auf dem Ammersee hinüber nach **Dießen**. Da wir bis Wessobrunn nur 15 km vor uns haben, bleibt ausreichend Zeit, die barocke Stiftskirche St. Maria zu besichtigen, geschaffen von Johann Michael Fischer, einem der bedeutendsten Barockbaumeister Altbayerns. Erfreut begrüßen wir den hl. Jakobus in der rechten Kirchenhälfte, der an seiner Tasche eine Muschel aus Santiago trägt, sicher das Mitbringsel eines Santiago-Pilgers.

Gleich hinter der Kirche weist das blaue »K« nach Westen, zu einem reizvollen Pfad am Bächlein entlang, der bald durch saftige Wiesen zum Wald führt. Wir lassen es uns nicht nehmen, am Mechtildisbrunnen von dem her-

vorragenden Quellwasser zu trinken und uns weiter oben an der Burgkapelle vorzustellen, wie die hl. Mechthild, aus dem Geschlecht der Grafen von Dießen und Andechs, hier vor fast 900 Jahren gelebt haben mag.

Als wir den Wald südwestlich verlassen, fasziniert uns sofort der atemberaubende Anblick des sanft gewellten Wiesenlandes, im Mai von saftigem Löwenzahn übersät, dahinter die im hellen Sonnenlicht glänzende Alpenkette! Bis ins Dorf **Haid**, das kitschig-schön auf einer Terrasse über **Wessobrunn** liegt, begleitet uns dieses phantastische Bild. Gemächlich schlendern wir in das alte Stuckatorendorf hinein zum Kloster, welches bis zur Säkularisation eines der bedeutendsten Klöster Deutschlands war. Es bleibt genug Zeit, um eines der ältesten Denkmale der deutschen Sprache zu studieren, das in einen Stein gemeißelte »Wessobrunner Gebet«, und sich einer Führung durch Kloster und Kirche anzuschließen.

Bei der anschließenden Erfrischung im Gasthof erzählte der Wirt, dass das Dorf früher Gaispoint hieß und der Name des Klosters Wessobrunn erst 1853 auf das Dorf übertragen worden ist.

Alternative C: »Landweg für Eilige«, wenn die Schiffe nicht fahren, von Andechs über Pähl und Raisting nach Wessobrunn.

Gegenüber der Klosterkirche führt eine Holzstiege abwärts. Hinter der Kapelle folgen wir den Stufen nach rechts hinunter zum Kienbach und wandern durch das obere Kienbachtal nach **Erling**. Wir bleiben auf der Durchgangsstraße, bis die Straße nach Weilheim abzweigt, folgen ihr ein kurzes Stück, dann weisen uns Wanderschilder nach links in den Wald (Markierung 2) und zur Hartkapelle. An schönen Tagen sind wir ganz sicher nicht alleine auf dem gut angelegten Weg, der uns ein Stück durch den Wald und auf einen lang gestreckten Moränenhügel hinauf bringt, mit traumhaften Ausblicken zum Ammersee. Unser Ziel können wir gar nicht verfehlen und stehen nach zwei Stunden vor der Kirche – und gleich darauf vor dem Gasthaus Post in Pähl.

Hier nehmen wir die Raistinger Straße – von hier aus können wir die großen Anlagen der Satelliten-Erdfunkstelle der Bundespost südlich von Raisting erkennen –, gelangen auf einer Brücke über die Ammer und zweigen halb links auf einen asphaltierten Fahrweg am Altwasser der Ammer ab. Die Markierung des König-Ludwig-Weges bringt uns sicher nach **Raisting** mit seiner barocken Pfarrkirche.

Westlich der Kirche gelangen wir durch die Floßmannstraße auf den Stillernweg ins Tal der Rott und in einer Dreiviertelstunde zum Weiler **Unterstillern** mit der Stefanskapelle. Wir folgen dem Tal der Rott am Rande des Stiller Waldes, bis rechts

Barock und Moderne in Bayern: Kirche und Satellitenanlage bei Raisting

eine Tafel »Wessobrunn« auf ein Forststräßchen bergan weist. Von diesem Tal des Steingrabens ist es nicht mehr weit zu unserem Ziel. Doch bevor wir die Klostermauer erreichen, können wir nicht widerstehen, nach links abzuzweigen zur 700 Jahre alten **Tassilolinde**. Hier hatte Herzog Tassilo seinen Traum, in dem er eine Himmelsleiter mit drei Quellen sah und daraufhin das Benediktinerkloster **Wessobrunn** gründete.

Weglänge: Alternative A: 42 km; Alternative B: 22 km; Alternative C: 25 km
Topografische Karte: Bayerisches Landesvermessungsamt: 1:50 000, Blatt: Ammersee, Starnberger See und Umgebung
Übernachtungsmöglichkeiten: Herrsching, Buch, Stegen, Schondorf, Utting, Riederau, Dießen, Wessobrunn; Pähl, Raisting
Wichtiger Hinweis: Das Kloster der Benediktinerinnen in Wessobrunn beherbergt heute ein Kinderheim. Zusätzlich werden dort viele mehrtägige Seminare abgehalten. In Ausnahmefällen können Jakobspilger dort übernachten, aber nur bei rechtzeitiger vorheriger Nachfrage und Anmeldung.

Die barocke Seele Oberbayerns

Weißblauer Himmel, Berge, Hügel,
Barocke Kirchen – wie die »Wies«.
Daneben Wirtshaus, volle Krügerl:
Des Pfaffenwinkels Paradies.

Von Wessobrunn nach Rottenbuch

Der Pfaffenwinkel

Der Name Pfaffenwinkel reicht bis ins Mittelalter zurück. Damals drückte das Wort »Pfaffe« noch Wertschätzung aus. Der Raistinger Pfarrer Sales Gailer beschreibt bereits 1756 diesen Winkel Oberbayerns als »Gegend vor dem Gebirg, die mehr als andere mit Klöstern ersten Ranges gesegnet sei« – ein Winkel der Mönche.

Den besten Blick über den Pfaffenwinkel hat man vom Hohen Peißenberg aus. Etwa vom südlichen Ende des Ammersees und des Starnberger Sees bis zur Wieskirche reicht der viel gerühmte »Pfaffenwinkel«. Nirgendwo sonst sieht man so phantasievolle Zwiebeltürme. Barock und Rokoko haben nicht zufällig hier so viele Spuren hinterlassen.

Barock, das bedeutet im eigentlichen Wortsinn »absurd« oder »grotesk«. Die Kritiker der späteren Epoche nannten im 18. Jahrhundert alle so, die sich nicht an die strengen Regeln der antiken Architektur hielten. Man wollte diesen Stil als »Geschmacksverirrung« lächerlich machen.

Doch zum weiß-blauen Himmel Bayerns, zu den Bergen, dem hügeligen Bauernland mit seinen saftigen Wiesen, auf denen Pferde und Kühe weiden, und nicht zuletzt zu den Menschen passt kein anderer Stil so gut wie der des Barock. Und vielleicht entwickelte er sich deshalb gerade in Bayern zu einem alles durchdringenden Lebensgefühl, das sich überall ausdrückte – in Malerei und Plastik, Musik, Theater und Literatur.

Auf dem Münchner Jakobsweg von Rottenbuch nach Wildsteig

Im Anfang waren es die Italiener, von denen die Bayern lernten. Am bayerischen Hof war nicht nur die Kunst italienisch, man hielt sich sogar italienische Komödianten und Hofdichter. Doch vom Volk werden in Bayern neue Anregungen traditionell nicht so schnell aufgenommen, sondern zunächst längere Zeit beobachtet. Das barocke Zeitalter in Italien begann im 16. Jahrhundert, in Süddeutschland erst etwa hundert Jahre später. Einmal angenommen, wurden aber alle Möglichkeiten ausgereizt und zur Vollendung gebracht. Speziell in Oberbayern hat das zu einem ganz eigenen Stil geführt, der die hiesige Kultur und Lebensfreude voll zum Ausdruck brachte. Man baute mit viel Gespür für die umgebende Landschaft und für deren Eigenart. Von wie vielen Bauwerken aus heutiger Zeit kann man das ohne Vorbehalt sagen?

Es waren zwar vor allem die Klöster, die der Barockkultur ihr Gepräge gaben, doch noch heute freuen wir uns besonders über die Dorfkirchen mit ihrem Bauernbarock, welche die süddeutsche Landschaft prägen. Immer wieder bleiben wir fasziniert stehen, wenn vor uns auf einem Hügel eine Kirche auftaucht, und fragen uns, ob es die Baumeisterin Natur war, welche ihre menschlichen Nachahmer inspiriert hat? Für uns sind diese barocken Dorfkirchen die schönsten Wahrzeichen Bayerns, besonders wegen ihrer hübschen Zwiebeltürme. Jede Turmzwiebel sieht anders aus, behäbig und wehrhaft oder sanft geschwungen, mit einfacher Rundung oder mit mehre-

ren Wölbungen übereinander, unerschöpflich war die Phantasie der Baumeister. Diese lieblichen Hauben passen genau zu dem hügeligen Bauernland ringsum und bilden einen harmonischen Zusammenklang von Formen und Farben.

Genauso passend fügen sich die vielen Feldkreuze und Wegkapellen, die vom geistlichen Bayern zeugen, in die Landschaft ein. Und das bayerische Rokoko, das im 18. Jahrhundert begann, ist vor allem später Barock.

Auf dem Hohen Peißenberg

Er ist zwar nicht einmal ganz 1000 m hoch, aber die Aussicht vom geografischen Mittelpunkt des Pfaffenwinkels ist phänomenal!

Es heißt, dass der Hohe Peißenberg den schönsten Rundblick Bayerns hat und man bei klarem Wetter 400 Dörfer, Schlösser, Burgen und Klöster sowie elf Seen erspähen kann. Am faszinierendsten ist das umfassende Alpenpanorama, vor dem sich die sanfteren Vorberge wie in Wellen ausbreiten. Von Hohenstaufen bei Reichenhall bis zum Grünten bei Sonthofen reicht der Blick, Großglockner und Großvenediger sind in der Ferne zu erkennen, die Zugspitze erscheint ganz nahe. Und natürlich der gesamte Pfaffenwinkel, den wir durchwandern. Ein Geheimtipp für die Augen!

An einem schönen Tag darf man den Hohen Peißenberg – oder den Bayern-Rigi, wie er von den Einheimischen genannt wird – auf keinen Fall umgehen. Die Mühe des Aufstiegs ist bei dem fabelhaften Rundumblick ganz schnell vergessen.

400 m tiefer liegt der Ort Peißenberg, er besaß das größte Kohlenbergwerk Bayerns, das 1837 gegründet wurde. Fast der ganze Ort war im Bergbau beschäftigt. Erst 1971 wurde die Förderung der Pechkohle eingestellt.

Auf dem Gipfel des Hohen Peißenbergs erbauten die am Berg verstreut wohnenden Bauern bereits 1514 eine Kapelle. Der herzogliche Pfleger von Schongau schenkte ihnen für sie eine geschnitzte Muttergottesfigur aus der dortigen Schlosskapelle. Der Ort wurde bald zu einer viel besuchten Wallfahrtsstätte. 1604 wurde die Wallfahrtsseelsorge von Herzog Maximilian an das Stift Rottenbuch übertragen. Als die Kapelle zu klein wurde, die ursprüngliche Gnadenkapelle aber unverändert bleiben sollte, wurde östlich davon eine neue Wallfahrtskirche mit Turm und Priesterwohnhaus errichtet. Sie wurde 1619 eingeweiht und ist der erste Kirchenbau der Renaissance im Pfaffenwinkel. Auf dem Gemälde in der Mitte des Hochaltars ist die Aufnahme Mariens in den Himmel dargestellt, Matthias Pusjäger aus Rottenbuch malte es im Jahr 1717. Zur gleichen Zeit sind die beiden Seitenaltäre

Pfarrkirche Rottenbuch: Die Engerl von Franz Xaver Schmädl

entstanden. 1748 haben einheimische Künstler den Innenraum der Gnadenkapelle in schönstes Rokoko gekleidet, und wie sollte es anders sein: Schmuzer war der Baumeister, Matthäus Günther, der am Peißenberg geboren ist, malte die Deckengemälde. Die beiden waren sehr fleißig und haben oft zusammengearbeitet. Und Franz Xaver Schmädl hinterließ neben neuen Seitenaltären einige hübsche Putten am Hochaltar.

In der Wallfahrtskirche lesen wir einen alten Pilgersegen, der hier bestimmt seine Gültigkeit hat: »Freude sei dem, der hierher kommt, Friede dem, der hier verweilt, und Segen dem, der von hier aus weiterzieht.«

Schon 1781 hat man auf dem Scheitel des Hohen Peißenbergs eine meteorologische Station errichtet, eine der ersten in Bayern, die von den Augustiner Chorherren aus Rottenbuch betreut wurde. Das erste Gasthaus und Hospiz zur Versorgung der Pilger und Wallfahrer wurde bereits 1604 gebaut. Inzwischen gibt es noch einen Fernsehturm und ein paar Wohnhäuser. Im Gasthaus mit den großen Panoramafenstern sitzt man sehr gemütlich und aussichtsreich. Die nette Bedienung erzählte uns, dass das alte Gebäude nebenan, in das jetzt ein Miniaturenmuseum einziehen soll, von 1880 bis

1970 Schulhaus war. Alle Kinder der Gegend mussten zur Schule auf den Berg gehen, selbst die Kleinsten. Zwangsläufig müssen sie wohl kerngesund und abgehärtet gewesen sein. Nach einer guten Brotzeit im Gasthaus werfen Pilger einen ersten Blick auf Rottenbuch am Hang gegenüber und steigen den Berg hinunter zur Ammerleite oder nach Peiting.

Peiting und das Hühnerwunder

Peiting zählt zu den ältesten Siedlungen des Lech-Ammer-Landes. Funde aus der Stein- und Bronze- sowie aus der Römerzeit zeugen von diesem Ort als Siedlungsstätte. Er liegt schon nahe dem Lech, dem Grenzfluss zwischen Oberbayern und Schwaben, und im früheren Einflussbereich der Welfen. Dieses schwäbische Geschlecht stammte wohl ursprünglich von den Langobarden ab. Der Schlüssel zur Geschichte des alten Welfenwinkels ist Altenstadt, wo schon sehr früh eine Burg mit einer Siedlung stand. Hier zog die große Römerstraße, die Via Claudia Augusta, nach Verona vorbei. Markgraf Welf IV. (ca. 1035–1101) wurde als Welf I. erster bayerischer Herzog dieses Namens und im Jahr 1055 Herr im Lechrain. Ab 1070 ließ er sich auf einem Hügel am anderen Lechufer eine neue Burg errichten, die zum Stammsitz der süddeutschen Welfen wurde: Bitengou, Peiting. Ein volles Jahrhundert lang war damit Peiting der bedeutendste Mittelpunkt eines großen Gebietes sowohl in kultureller und politischer als auch in wirtschaftlicher Hinsicht. Barbarossa weilte auf dem Rückweg von seinem ersten Römerzug zu Gast, Minnesänger und Spielleute des Mittelalters wurden hier bewirtet. 1167 zog Welf VII., der einzige Sohn Welfs VI. (1115–1191), mit Barbarossa in den Krieg und starb in Italien an einer Seuche.

Welf VI. übergab Peiting an die Staufer, und nach deren Aussterben kam es in den Besitz der Wittelsbacher. 1248 zerstörte ein Erdbeben große Teile der Burg. 1632, im Dreißigjährigen Krieg, machten die Schweden den Ort dem Erdboden gleich und vernichteten die Reste der Welfenburg. Die Erinnerung an die glanzvolle Zeit Peitings verblasste. Nur die romanische Kirche in Altenstadt hat die Zeit überdauert und ist uns wie ein Stein gewordenes Stück Mittelalter erhalten geblieben.

Die Pfarrkirche Peitings reicht in ihrem Ursprung ins 11. Jahrhundert zurück, als mit der Burg wohl auch der Bau einer Kirche gefördert wurde. Im 18. Jahrhundert erhielt sie eine Rokokoausstattung, am Hochaltar entdecken wir wieder ein aufgewecktes Engerl von Xaver Schmädl.

Pilger zieht es zur Wallfahrtskirche Maria Egg, heute Friedhofskirche, denn in ihr finden wir eine kulturhistorisch und volkskundlich bedeutende »Jakobsbrüdertafel« aus der ersten Hälfte des 16. Jahrhunderts. In 16 Bildern wird eine Legende aus Santo Domingo de la Calzada in der Rioja-Gegend Spaniens erzählt, die von einem oberbayerischen Paar mit ihrem Sohn handeln soll:

Maria Egg: Die Darstellung des Hühnerwunders im 14. Bild der Jakobsbrüdertafel

Linden: Diese alte Linde hat mehrere Meter Umfang.

Ein süddeutsches Ehepaar pilgerte mit seinem Sohn nach Santiago. Im Wirtshaus versuchte die Magd, den jungen Mann zu verführen, der sie aber tugendhaft zurückwies. Die Magd war beleidigt und versteckte einen silbernen Becher in seinen Kleidungsstücken. Am nächsten Morgen bezichtigte sie ihn des Diebstahls. Der Richter verurteilte den Burschen zum Tod am Strang. Man hängte ihn auf und stellte später fest, dass er noch quicklebendig war. Rasch trug man die Kunde dem Richter zu, der sich gerade zum Mahl gesetzt hatte. Höhnisch stieß er aus, dass Hahn und Henne von seinem Bratspieß flögen, wenn die Geschichte wahr wäre. Die Tiere flogen auf und davon …

Ob das Ehepaar, von dem die Legende erzählt, vielleicht aus Peiting stammte? Überlieferte Legenden begleiten vor allem in Frankreich und Spanien die Pilger von Ort zu Ort. Im Codex Calixtinus, einem Buch aus dem 12. Jahrhundert, das in fünf Büchern über das Leben des hl. Jakob berichtet und über die Wallfahrt nach Santiago de Compostela, werden allein 22 Legenden genannt. Aber es kommen auch heute noch unzählige Geschichten über den Jakobsweg hinzu, wie wir selbst erlebt haben.

Welchen Weg wohl Peitinger Familien wählten, wenn sie nach Santiago aufbrachen? Welcher war für die Menschen aus diesem Gebiet der gebräuchlichste? An Kirchen und Klöstern hat es jedenfalls nicht gefehlt und zur alten Römerstraße, die über Kempten zum Bodensee führte, ist es von hier aus nicht weit.

Wegbeschreibung: Vierter Wandertag

Wir verlassen **Wessobrunn** durch die Zimmermannstraße, vorbei am Haus des berühmten Stuckateurs und Malers Johann Baptist Zimmermann. Nach wenigen Minuten erreichen wir den Wald, steigen ziemlich steil hinauf zum Hof Pürschlehen und gemächlicher wieder hinunter nach **St. Leonhard** im **Forst**, dessen Kirche natürlich auch von Wessobrunner Künstlern gebaut wurde. Auf einem einsamen Landsträßchen schlendern wir an Bilderbuch-Bauernhöfen vorbei nach **Linden**, die uralte, beeindruckende Linde sieht aus, als hätte das Dorf seinen Namen noch von ihr. Im ständigen Auf und Ab erreichen wir **Hetten**, das schon zum Ort Hohenpeißenberg gehört.

An einem Tag mit guter Sicht oder gar an einem Föhntag dürfen wir es auf keinen Fall versäumen, auf dem Kapellenweg, der gegenüber dem Gasthof Hetten beginnt, zum **Hohen Peißenberg** hinaufzusteigen, die Aussicht ist jede Mühe wert. Der Berg ist zwar nur knapp 1000 m hoch, aber wegen seiner isolierten Lage stellt die Rundsicht das umfassendste Gebirgspanorama des bayerischen Alpenvorlandes dar und begeistert jeden Wanderer. Die Wallfahrtskirche Maria Himmelfahrt – auch hier haben Wessobrunner Künstler gewirkt – ist einen Besuch wert, ebenso wie das Gasthaus, um sich vor dem Abstieg nach Hohenpeißenberg und dem anstrengenden Weg durch die Ammerleite zu stärken.

Wir verlassen den Hohen Peißenberg nicht auf dem König-Ludwig-Weg, sondern auf dem »Hanslweg« (H5), der hinter der Kirche links abzweigt und die schnellste Verbindung nach **Hohenpeißenberg** darstellt. Unten im Ort überqueren wir die Hauptstraße und biegen in die Anton-Pröbstl-Straße ein. Im Haus Nr. 20 hat eine engagierte Jakobspilgerin sogar ein kleines Gartenhäuschen eingerichtet, das einzelnen Jakobspilgern, nach Voranmeldung, als Unterkunft dienen kann.

Auf halbem Weg zwischen Hohenpeißenberg und Peiting folgen wir an der Bahn der Abzweigung nach links zum Schnalzhaus und sind in ein paar Minuten an der Hütte im **Ammertal**. Ein breiter Weg entlang der Ammer bringt uns in einer Viertelstunde zum Kalkofensteg und zur Ammerleite. Wir steigen rechts in steilen Kehren bergan, balancieren über gut angelegte Holzbohlenstege und Felsenstiegen, manchmal hoch am Hang, dann wieder unten an der Ammer. Wunderschön ist die Natur mit den uralten Buchen und vielen Blumen, wir werden mit dem Schauen gar nicht fertig. Gerade, als wir müde werden, stehen wir nach einem letzten steilen Anstieg am Waldrand. Bis **Rottenbuch** sind es nur noch 20 Minuten.

Weglänge: ca. 26 km
Topografische Karten: Bayerisches Landesvermessungsamt: 1:50 000, Blätter: Ammersee, Starnberger See und Umgebung; Pfaffenwinkel, Staffelsee und Umgebung
Übernachtungsmöglichkeiten: Hetten, Hohenpeißenberg, Peiting, Rottenbuch

Rottenbuch – Wies – Steingaden – Lechbruck

Rottenbuch und die »Wies«

Wie wunderschön das süddeutsche Rokoko sein kann, wird uns am anschaulichsten in den Kirchen des fünften Wandertages vor Augen geführt.

Das Kloster Rottenbuch, am oberen Rand des tief eingeschnittenen Ammertals stehend, wurde im Jahr 1073 von Herzog Welf I. gegründet. Die Kirche, die im Laufe der Jahrhunderte mehrfach erneuert und umgebaut wurde, erhielt ihr Rokokogewand um 1738 nach Plänen von Joseph Schmuzer aus Wessobrunn.

Vom ehemaligen Augustiner-Chorherrenstift blieb nach der Säkularisation nur noch die Kirche erhalten. Von außen wirkt sie recht unauffällig, sogar der Zwiebelturm sieht ein wenig »schlafmützig« aus; geht man aber hinein, bleibt einem zunächst der Mund offen stehen: Weiß und Gold in verschwenderischer Fülle, Fresken allüberall, umrahmt von bewegtem Stuck.

Wir stehen vor einem herrlichen Werk der Familie Schmuzer und des Malers Matthäus Günther, der sich sogar noch beschwert haben soll, dass ihm die Stuckatoren so wenig Platz übrig gelassen hätten.

Die Fresken an der Hochwand und Decke von Mittel- und Querschiff erzählen aus dem Leben des hl. Augustinus. Der Hochaltar und die Kanzel mit den Evangelistenfiguren schuf Franz Schmädl, ebenso wie die faszinierenden Putten.

Nun so will ich alles lassen,
Auf die Wies zu Jesus gehen,
Mich begeben auf die Straßen
Und mit Freuden ihn ansehn.
Schönster Jesus auf der Wies
Der so voller Gnaden ist.

Die Wallfahrtskirche zum »Gegeißelten Heiland auf der Wies«, von jeher liebevoll »die Wies« genannt und in diesem »Wieslied« besungen, ist die berühmteste Wallfahrtskirche Oberbayerns. Von der UNESCO wurde sie 1983 zum Weltkulturerbe erklärt.

»Hoc loco habitat fortuna, hic quiescit cor« – Hier wohnt das Glück, hier findet das Herz seine Ruhe –, so schrieb der Steingadener Abt Marianus II. nach der Einweihung der Kirche im Jahr 1754 mit seinem Diamantring in das Fensterglas des Prälatensaales in der Wies.

Jeder Besucher kann das nachempfinden: Tritt man durch das schlichte Eingangsportal, entsteht der Eindruck, in einem lichtdurchglänzten, in vielen Farben strahlenden Festsaal zu stehen. Das Deckenfresko erscheint einem wie der Himmel selber, wahrscheinlich reden deshalb die Einheimischen vom »Himmel in der Wies«: Inmitten des strahlend blauen Himmels thront der auferstandene Christus auf einem Regenbogen, dem Zeichen der Versöhnung Gottes. Er deutet auf ein lichtes Kreuz als Symbol seiner Liebe bis zum Tod. Auf der Ostseite steht der Richterthron für das Weltgericht, gegenüber das »Tor zur Ewigkeit«. Das Fresko will sagen: Wenn sich für einen gläubigen Menschen das Tor auftut, wird ihm viel Schöneres zuteil werden durch den Blick in die Herrlichkeit des ewigen Lebens. Und: Wenn der Pilger durch den Mittel-

Die Wieskirche – das Herzstück des Pfaffenwinkels

gang die Kirche verlässt, schaut er zwangsläufig hinauf zum »Tor der Ewigkeit« und wird dadurch gemahnt an das »Ziel seiner Pilgerfahrt auf Erden«. Wir waren froh, erst einmal an unser irdisches Pilgerziel Santiago denken zu dürfen.

Stundenlang kann man sich in der Wies aufhalten und immer wieder Neues entdecken: die herrliche Kanzel mit dem Pfingstmotiv, den Chorraum in seiner besonderen Architektur, den Altarraum mit der ihn umgebenden Säulen-Loggia. Farbe und Form in der Wieskirche stellen eine selten geglückte Einheit dar, wohl gefördert durch das innige Verständnis der beiden Zimmermann-Brüder.

Ihre Entstehung verdankt die Wieskirche einer Karfreitagsprozession: 1730 fertigten zwei Mönche des Prämonstratenserklosters Steingaden aus Holzteilen einen »Gegeißelten Heiland«, überzogen die Gelenke mit Leinwand und bemalten sie. Das Bildnis wirkte so realistisch, dass es das Mitleid des gläubigen Volkes erregte, und so ließ man es auf dem Dachboden des Steingadener Klosterwirts stehen. Hier fand es die Bäuerin Maria Lory, die das Bild sehr verehrte und es mit auf ihren Wieshof nahm. Während des Abendgebetes am 14. Juni 1738 geschah das »Wunder in der Wies«: Das Gesicht des Gegeißelten Heilandes zeigte Tränen. Dieses Tränenwunder war der Auftakt zu einer großen Wallfahrtsbewegung, die sich bald über ganz Europa ausbreitete.

Man baute zunächst eine kleine Kapelle, aber der Zustrom der Gläubigen wurde so groß, dass der Abt des Klosters Steingaden eine große Wallfahrtskirche errichten ließ. Den Bauauftrag erhielt Dominikus Zimmermann. Er war damals bereits 61 Jahre alt und arbeitete acht Jahre lang an der Wies. Sein fünf Jahre älterer Bruder Johann Baptist Zimmermann malte die wundervollen leuchtenden Fresken.

Der Bauauftrag lautete, eine Bußkirche, eine Kirche der »Barmherzigkeit des Herrn« zu bauen. Wer zum ersten Mal die Wieskirche betritt und die Fülle des Lichts und die freudige Ausstattung sieht, könnte meinen, Zimmermann hätte den Bauauftrag nicht ernst genommen. Doch die Wieskirche ist bei aller scheinbaren Leichtigkeit von einer tiefen Innerlichkeit geprägt und man spürt, dass Zimmermann den theologischen Grundgedanken dahinter ins Architektonische übersetzt hat. Ein Wessobrunner eben, dem die Freude an Farbe und Licht in die Wiege gelegt wurde und der die im Laufe seines Lebens gemachten Erfahrungen in idealer, ausgereifter Weise zu verwirklichen wusste.

Dabei war er bei Baubeginn bereits in einem Alter, in dem in unserer heutigen Zeit viele bereits aus dem Beruf verdrängt oder ausgeschieden sind. Machen wir es uns zu einfach, wenn wir annehmen, dass ältere Menschen weniger flexibel sind und zu wenig Phantasie für Problemlösungen haben? Könnte

Wieskirche: Das Deckengemälde von Johann Baptist Zimmermann mit dem »Tor zur Ewigkeit«

es nicht auch sein, dass die Lösungen bei Älteren deshalb manchmal etwas länger dauern, weil weitaus mehr Faktoren und Erfahrungen einbezogen werden? Lehren langjährige Erfahrungen nicht kritisches Hinterfragen und schnelleres Erkennen von fragwürdigen Ansätzen?

Dominikus Zimmermann schöpfte aus einem langen und vollen Künstlerleben und konnte sein ganzes Wissen einbringen. Das Ergebnis des bei Bauende fast 70-Jährigen bewundern wir noch heute. Lässt dies nicht vor allem den Schluss zu, dass ausgereifte Lösungen und tragfähige Kompromisse eine wesentlich längere Lebensdauer haben?

Nachdenklich geworden, verließen wir die heitere Wieskirche durch den Mittelgang, nicht ohne einen fragenden Blick auf das »Tor zur Ewigkeit« geworfen zu haben.

Das Äußere des Münsters Steingaden hat den romanischen Charakter bewahrt.

Das Welfenmünster in Steingaden

Besonders hübsch ist der Blick zurück: Auf der kleinen Anhöhe vor Urspring sieht man vom Weiterweg aus die Kirche und die ehemaligen Klostergebäude beschaulich inmitten weiter Grünflächen liegen und freut sich, da gewesen zu sein.

Der Enkel des Gründers von Rottenbuch, Herzog Welf VI., stiftete 1147 ein »eingädiges Haus von Stein« – Steingaden.

Die dazugehörige Klosterkirche wurde 1176 eingeweiht. Welf VI. und sein in Italien verstorbener Sohn fanden in ihrem Lieblingskloster die letzte Ruhe.

Sechs Jahrhunderte lang, bis zur Säkularisation, war das Welfenkloster für das Umland Mittelpunkt der Seelsorge, der Wissenschaften und der Künste.

Von außen blieb der romanische Charakter weitgehend bewahrt, eine dreischiffige Anlage mit romanischem Zierwerk. Die zwei trotzigen Türme mit ihren Satteldächern ragen als Wahrzeichen in die Landschaft hinaus.

Ein barockes Schaustück überrascht uns im Kircheninneren, das alle Stilelemente des Barock von seinem Beginn bis zum Höhepunkt und Ausklang enthält. Das Mittelschiff gehört zu den schönsten Rokokoräumen Süddeutschlands. Der Baumeister ist nicht genannt, die Handschrift verrät aber einen »Schmuzer«, vermutlich Franz Xaver. In den Deckengemälden erzählt Johann Georg Bergmüller die Gründungsgeschichte von Steingaden: von der Vision des Ordensstifters St. Norbert, dass hier in Steingaden ein neues Kloster entstehen soll, über die Realisierung der Vision, bis zum Tod des hl. Norbert und seiner Verherrlichung im Himmel.

Im 15. Jahrhundert baute man die Vorhalle an, mit spätgotischem Netzgewölbe und der Ahnentafel der Welfen.

Den Pilgern des Mittelalters waren die steinernen Symbole in romanischen Kreuzgängen, auf Kirchenportalen oder Kapitellen geläufig. Die meisten dieser Pilger konnten weder lesen noch schreiben, die bildhaften Zeichen

Romanisches Tympanon an der Johanneskapelle

erzählten ihnen die Geschichte. Heute verstehen wir viele dieser Symbole nicht mehr. In den Klöstern am Jakobsweg in Frankreich und Spanien brachten uns nette Mönche dieses Wissen näher. Deshalb interessieren wir uns besonders für die wenigen, in Bayern noch erhalten gebliebenen Elemente.

In Steingaden ist neben dem Außenbau nicht mehr viel Romanisches vorhanden: In der Johanneskapelle, die schon von Welf VI. als Erinnerung an die Grabeskirche in Jerusalem erbaut wurde, gibt es ein Tympanon mit Spuren der alten Bemalung aus dem späten 12. Jahrhundert, es zeigt Christus mit betender Maria und den Evangelisten Johannes. Außerdem ist vom Kreuzgang, dem Herzstück der mittelalterlichen Klosteranlage, ein Flügel aus dem 13. Jahrhundert erhalten geblieben, der uns besonders gut gefällt.

Das »Ora et labora« der Benediktiner ist in Bayern wohl bekannt. Über den Prämonstratenserorden weiß man im Allgemeinen nicht so viel. Deshalb freuten wir uns, im Kunstdenkmale-Heft »Steingaden« von Hans Pörnbacher etwas über die Ziele des Ordens zu erfahren:

»Der Name Prämonstratenser kommt von Prémontré in Frankreich, wo der hl. Norbert von Xanten 1121 einen Orden nach den

Der romanische Kreuzgang von Steingaden, ein elementares Zeugnis aus dem Mittelalter

Vorstellungen des hl. Augustinus über das gemeinsame Leben des Klerus gründete. Diese Gemeinschaft wird auch ›ordo candidus‹, ›weißer Orden‹, genannt, weil die Kleidung ganz aus weißer Wolle besteht, Zeichen der Armut, aber auch Symbol der Reinheit. Ziel Norberts war es, neue und bessere Priester auszubilden, die – durch Stille und Gebet im Kloster gestärkt und von der Gemeinschaft getragen – in der Seelsorge wirken sollen.«

Dieser Grundgedanke ist im Welfenkloster hervorragend umgesetzt worden. Das Kloster war sowohl in religiöser als auch in kultureller und wirtschaftlicher Hinsicht prägend für sein Umland.

Prem und das Moor

Hinter Steingädele erwartet uns im Premer Filz eine Naturwanderung besonderer Art. Auf Tafeln wird einiges über die Entstehung erzählt. Nach dem Abschmelzen des Lechgletschers vor 15 000 Jahren verlandete der Seespiegel durch Moränen- und Schottermaterial zu kleinen Inseln und wurde durch Verwitterung zu Nagelfluh »verbacken«. Durch diese Verlandung kehrte die Vegetation mit Schilf, Binsen, Sauergräsern und später mit Birken und Erlenwäldern zurück. Die abgestorbenen Pflanzenteile sanken zu Boden und vertorften

Im Premer Moor zwischen Steingaden und Lechbruck

unter Luftabschluss. So entstand das heutige »Hochmoor«, dem der Volksmund den Namen »Königsfilz« gegeben hat.

Auch Geister sollen im Moor herumspuken. Im Prem erzählt man sich, dass sogar eine gut erhaltene weibliche Mumie gefunden wurde. Man glaubt, dass sie als Kindesmörderin im Mittelalter mit einem Stein um den Hals im Moor ertränkt wurde. Trotz dieser Schauergeschichten begeistert uns dieses Moor mit seinen vielen Farben. Naturfreunde bedauern es nicht, den kleinen Umweg in Kauf genommen zu haben.

Ansonsten war Prem bis zur letzten Jahrhundertwende ein Flößerdorf. In den Pfarrbüchern sind etliche Familiennamen von Floßmeistern verzeichnet. Ab und zu findet sich dahinter die Bemerkung: »Ertrunken in den reißenden Wassern des Lech«. Wir können uns gut vorstellen, dass den Gemeinden am Lech der Uferschutz immer Sorgen bereitet hat. Im Sommer 1914 wurde die letzte Floßfahrt auf dem Lech durchgeführt.

Die Filzwiesen zwischen Wildsteig und Wieskirche

Wegbeschreibung: Fünfter Wandertag

Heute erwartet uns ein Höhepunkt besonderer Art: Die Wieskirche im Herzen des Pfaffenwinkels. Durch die enge Toreinfahrt von **Rottenbuch** kommen wir auf die Hauptstraße nach **Steingaden**, überqueren die Straße nach Bayersoien nach rechts, bewundern im Weihanger die hübsch angelegten Gartenteiche, bevor geteerte Flurwege auf die Höhe hinaufziehen.

Wieder einmal lässt uns das herrliche Alpenpanorama die Wanderzeit kürzer erscheinen, unter uns blinkt der kleine Schwaigsee herauf, der uns zu einer »Aussichtsrast« auf einer alten Bank verführt. Auch das kurze Stück neben der Autostraße danach kann unserer guten Stimmung nichts anhaben. Nach einer guten Stunde taucht der behäbige Zwiebelturm von **Wildsteig** auf. Die Waden spannen sich auf dem Kirchsteig nochmals kräftig an, aber wie es sich in einem richtigen Dorf gehört, lädt der Wirtsgarten neben der Kirche zum Ausruhen ein. Nachdem der Durst gelöscht ist, schauen wir uns die Pfarrkirche St. Jakob an. Gleich rechts neben dem Eingang ist eine Holzfigur von ihm angebracht, ausnahmsweise mit Schwert und Muschel. Auch auf dem Altarbild ist er damit abgebildet.

Danach folgen wir dem Sträßchen, das sich ins Tal senkt, und biegen in moorige Wiesen und den Wald ab. Vorbei an der Landvolkshochschule, stehen wir plötzlich auf einer Anhöhe direkt gegenüber der **Wieskirche**, die mit ihrem breiten, behäbigen Schiff und dem seltsamen Turm vor der Frühlingswiese einen wunderschönen Anblick bietet. Reges Treiben herrscht sowohl auf dem großen Parkplatz als auch in der Kirche.

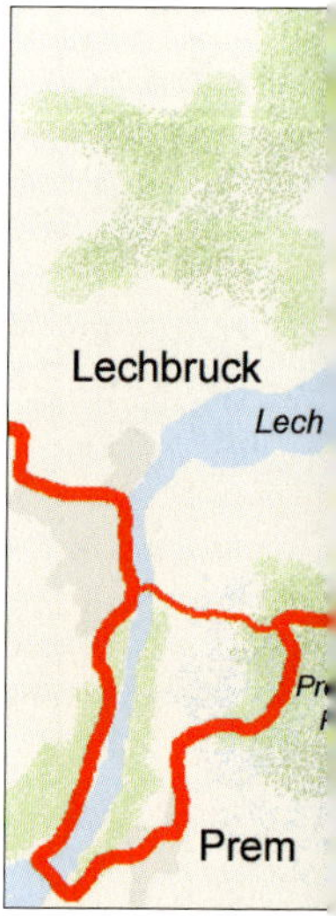

Wir reißen uns los von der Kirche, dahinter trennen wir uns auch vom König-Ludwig-Weg, denn der Hauptweg würde weiter über Trauchgau nach Füssen führen. Unser Jakobsweg aber hält sich nach Westen und steuert Steingaden an. Wir halten uns an die Muschel, bekommen aber als neuen Begleiter den »Prälatenweg«, mit zwei blauen Prälatenstäben auf weißem Grund bezeichnet. Wir können uns also gar nicht verlaufen. Auf dem »Brettlesweg« durchqueren wir das **Wiesfilz**, tiefe Moorlöcher neben den anfangs durchgehenden Bretterstegen flößen Respekt ein. Die kurzstämmigen Kiefer- und Wacholderbäumchen in der eigenwilligen Moorlandschaft werden nach kurzer Zeit weniger, erste Fichten tauchen auf, mausern sich zu einem richtigen Wald. Der Forstweg führt abwärts zum Bach, an seinem Ufer entlang und durch feuchte Wiesen schlendern wir zur Schlögelmühle und sind in einer Stunde in **Steingaden**.

Schon wieder empfängt uns eine beeindruckende Kirche: das ehemalige Prämonstratenserkloster mit dem **Welfen-**

münster. Von außen hat sich der romanische Charakter des bereits im Jahr 1147 gegründeten Klosters weitgehend erhalten. Innen beeindrucken uns vor allem der romanische Kreuzgang mit seiner spätgotischen Wölbung und die reiche Innenausstattung des massiven romanischen Baus mit Elementen aus Barock und Rokoko.

Randvoll mit Eindrücken verlassen wir Steingaden; der Geist beflügelt auch die Füße, die Gegenwart holt uns erst wieder auf einem aussichtsreichen Moränenhügel zwischen Steingaden und Lechbruck ein. Am Flurkreuz bleiben wir stehen, schauen zurück auf die Kirchtürme von Steingaden und freuen uns am vor uns liegenden Bergpanorama.

In **Urspring** mit seiner wunderschönen Kirche folgen wir der Jakobsmuschel in den kleinen Ort **Steingädele** und von dort weiter in eine reizvolle Auenlandschaft. Nach ca. 1 km nehmen eilige Pilger den Prälatenweg geradeaus und stehen nach einer Viertelstunde an der Lechbrücke und im Ort Lechbruck. Naturliebhaber biegen nach links in den Moorlehrpfad ab, der durch das interessante Moor nach **Prem** führt. Unsere Eindrücke können wir in einem netten kleinen Biergarten sor-

Lechbruck: Der steinerne Flößer auf der Lechbrücke wurde zum Gedächtnis an die alten Lechflößer errichtet.

tieren, um anschließend die gegenüberliegende Kirche zu bewundern. Am Sportplatz von Prem überqueren wir den Lech über eine gewaltige Staumauer und wandern auf der linken Seite des Flusses nach **Lechbruck** hinein.

Weglänge: 22 km bzw. über Prem 27 km
Topografische Karten: Bayerisches Landesvermessungsamt: 1:50 000, Blätter: Pfaffenwinkel, Staffelsee und Umgebung; Kaufbeuren und Umgebung
Übernachtungsmöglichkeiten: Wildsteig, Wies, Steingaden, Urspring, Prem, Lechbruck

Auf den Spuren der Römer

Schon Kelten, Römer, Alemannen
Lebten in grauer Vorzeit hier,
Vom Auerberg Besitz sie nahmen,
Als guten Ort für Mensch und Tier.

Von Lechbruck über den Auerberg nach Marktoberdorf

Über die Lechbrücke von Oberbayern nach Schwaben

Wenn der Lech, vom Arlberg kommend, seine ungestüme Jugend in den Lechtaler Alpen hinter sich und den Forggensee aufgestaut hat, wendet er sich nach Norden in Richtung Schongau und Landsberg. Obwohl er immer wieder durch Staustufen seenartig verbreitert wurde, ist die Landschaft noch erstaunlich gut erhalten und bereichert durch eine bunte Flora und viele Wasservögel. Am Ufer entlang führt der 84 km lange und abwechslungsreiche Lech-Höhenweg von Landsberg nach Füssen.

Im südlichen Bereich ab Lechbruck ist er teilweise mit dem König-Ludwig-Weg identisch. Auch unser Pilgerweg überquert den Lech über die »Lechbruck« und wechselt über die »fließende Grenze« vom Oberbayerischen ins Schwäbische. Der große, steinerne Nepomuk als Patron der Schiffer und Flößer erinnert daran, dass Lechbruck und die umliegenden Dörfer bis zur Jahrhundertwende alte Flößerdörfer waren. In den reißenden Wassern des Lechs und den gefährlichen Stromschnellen musste so mancher Flößer sein Leben lassen.

Die Pfarrkirche Mariä Heimsuchung, auf einem Hügel liegend, sieht von der Brücke her gesehen besonders eindrucksvoll aus. Die Grundsteinlegung war 1768, der weite Saalbau ist in dieser Gegend eine Besonderheit, weil er klassizistisch ist.

Die Via Claudia Augusta

Kaiser Augustus ließ in den Jahren 16/15 v. Chr. durch seine Stiefsöhne Tiberius und Drusus Rätien erobern, um die Donau als römische Nordgrenze zu sichern. Der Weg, den Drusus über die Alpen genommen hatte, wurde später ausgebaut und zur Staatsstraße ernannt. Soldaten und Beamte reisten auf der »Via Claudia Augusta«. Zur Orientierung dienten Meilensteine und Landkarten. Nur so war durch Kurier- und Transportdienste eine schnelle Kommunikation aller Teile des Reiches mit Rom möglich und der Nachschub von Waren gesichert.

Wahrscheinlich ist, dass die Fernstraße Brigantium–Iuvavum (Bregenz–Salzburg) teilweise alten Pfaden folgte, die keltische Siedungen, wie Bregenz und Kempten, miteinander verbanden. Aus frühen Funden ist zudem nachgewiesen, dass die Wegverbindungen durch den Bau von Kastellen gesichert wurden.

Auf ihrem Weg nach Augsburg führte die Römerstraße zwischen Füssen und dem Auerberg durch das Allgäu. Für kundige Augen ist der Verlauf teilweise noch heute erkennbar: an alten Meilensteinen, an Resten einer alten Geleisestraße oder an alten Straßendämmen, wie z.B. bei Epfach. Diese staatlichen Straßen durften auch Händler und Privatreisende benutzen, allerdings nur mit einem »diploma« vom Kaiser oder seiner Vertretung. Engagierte und vor allem hartnäckige Forscher fanden in mühevoller Kleinarbeit den wahrscheinlichen Verlauf der Via Claudia Augusta und ihrer Nebenstrecken durch das Allgäu heraus.

Aus einigen alten römischen Verkehrsstraßen entwickelten sich in späteren Jahrhunderten »Salzstraßen«. Das Salz spielte ja ab dem 10. Jahrhundert eine überragende Rolle, der Handel damit und vor allem die erhobenen Salzzölle

Dieser römische Meilenstein bei Isny wurde 201 n. Chr. in einer Entfernung von 11 000 Doppelschritten (16,3 km) von Cambodunum/Kempten aufgestellt.

waren ein einträgliches Geschäft. Den Santiago-Pilgern dienten neben den Kirchen und Klöstern sicherlich auch diese alten Verkehrsstraßen als Orientierung und Verbindung auf ihrem weiten Weg von Ost nach West.

Am sagenumwobenen Auerberg

Was den Oberbayern der Hohe Peißenberg, ist den Schwaben der Auerberg. Mit seinen 1055 m liegt er genau an der Grenze zwischen beiden Regionen. Wegen seiner unvergleichlichen Aussicht ist er besonders an klaren Föhntagen Ziel vieler Autofahrer und Wanderer. Sein Gipfel besteht gleich aus zwei Kuppen, dem flacheren Schlossberg und dem steileren Kirchberg, dadurch ist er schon von weitem leicht erkennbar. Auf der Kuppe des Kirchbergs thront malerisch die spätgotische Wallfahrtskirche St. Georg. Sie ist allein schon wegen ihrer spätgotischen Madonna von Jörg Lederer einen Besuch wert, nicht zu vergessen die Figur des hl. Georg im Kampf mit dem Drachen aus der zweiten Hälfte des 17. Jahrhunderts. Von der Aussichtsplattform des romanischen Kirchturms genießt man einen weiten Blick über die gesamte deutsche Alpenkette. Für Erholung und Erfrischung ist im gemütlichen Gasthaus unterhalb der Kirche gesorgt.

Funde und Forschungen haben ergeben, dass die Gegend um den Auerberg bereits seit Urzeiten besiedelt ist. Ab dem 8. Jahrhundert v. Chr. wanderten die Kelten aus dem Osten in den Voralpenraum ein. Sie brachten die neuen Techniken des Salzbergbaues und der Eisenverarbeitung mit und schufen damit die Grundlage für eine intensivere bäuerliche Wirtschaftskultur. Sehr viel mehr wissen wir allerdings von diesem alten Stamm nicht, ebenso wie der Auerberg ist er sagenumwoben und geheimnisvoll geblieben.

Auf dem Auerberg wird eine Hochburg der keltischen Licatier vermutet. Der griechische Historiker Strabon berich-

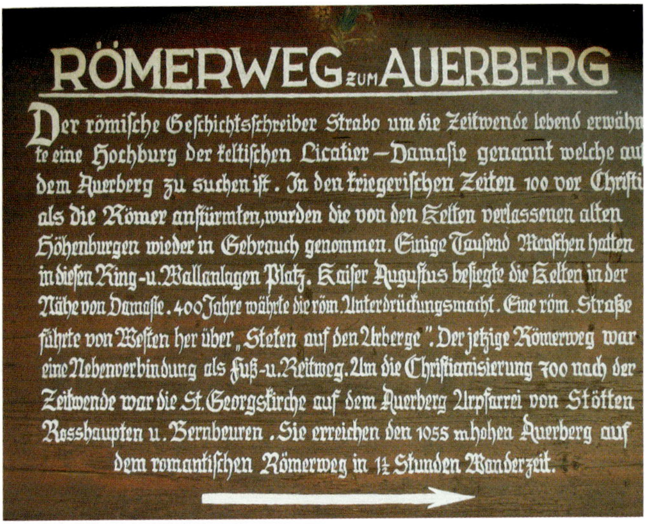

Die Kirche St. Georg auf dem Auerberg

tete von einer Festung »Damasie« und von einer keltisch-römischen Entscheidungsschlacht in dieser Region etwa um 100 v. Chr., welche die römische Vorherrschaft auf Jahrhunderte zur Folge hatte. Die Römer haben die von den Kelten verlassenen Höhenburgen wieder in Gebrauch genommen, in deren Ring- und Wallanlagen, den Keltenwällen auf der Südseite des Auerbergs, wohl einige Tausend Menschen Platz hatten.

Erst mit den Eroberungen von Drusus und Tiberius ab 16 v. Chr. begann die geschichtlich fassbare Zeit. Mit dem Straßenbau der Römer wurde die Grundlage für den Handel gelegt. So führte von Westen her eine römische Straße von »Steten auf den Urberge«. In der ersten Hälfte des 1. Jahrhunderts n. Chr. gab es am Auerberg einen militärischen

Stützpunkt und eine Zivilsiedlung. Bei Ausgrabungen fand man Töpferei- und Webereierzeugnisse, eine Bronzegießerei sowie Glas- und Metallgegenstände.

Den Schloss- und den Kirchberg verbindet ein großes, teilweise noch erhaltenes Ringwallsystem. Es wird angenommen, dass das Wallsystem als Gesamtanlage geplant war.

In etwa 6 km Entfernung verlief eine Abzweigung der Via Claudia Augusta vorbei nach Norden in den Kaufbeurer Raum, wo sie auf die Straße Kempten–Epfach stieß. Diese Römerstraße diente sicherlich ebenso als Kulturbrücke, auf der Ideen, Gedanken und Einflüsse in beiden Richtungen über die Alpen transportiert werden konnten.

Ab dem 3. Jahrhundert begannen die germanischen Alemanneneinfälle, die im Laufe der Jahrhunderte zur Auflösung der römischen Macht und zu einer keltisch-alemannisch-römischen Mischbevölkerung führten. Gleichzeitig gewann das Christentum an Boden. In der Zeit um 800 n. Chr. ist auch die Urpfarrei St. Georg auf dem Auerberg entstanden.

Wie viele dieser alten Orte übt auch der Auerberg eine ganz besondere Anziehungskraft auf die Menschen aus. Auf der Aussichtsplattform des Kirchturms den weiten Blick nach Süden über die Alpen zu genießen, ist ein wunderbares Erlebnis und gibt einem das gute Gefühl der Harmonie mit sich selbst. Befinden wir uns wieder an einem alten »Ort der Kraft«?

Marktoberdorf

Gemütlich-ländlich wirkt Marktoberdorf auf uns. Obwohl oder weil es schon so alt ist? Nach der keltischen und römischen Siedlungsperiode wanderten im 3. Jahrhundert n. Chr. die Alemannen in das menschenarme Gebiet ein. Im 8. Jahrhundert nahmen die Franken von Alemannien Besitz und an der Stelle der heutigen Kreisstadt entstand ein Königshof, der 1299 an das Hochstift Augsburg kam.

Unter der Regierung der Fürstbischöfe begann nun für das ganze Gebiet eine gute Entwicklungszeit. Auf Ansuchen des Bischofs erhielt Oberdorf im Jahr 1453 vom Kaiser das Marktrecht verliehen. Mit der Erhebung zum Markt war die Verleihung von »Stock und Galgen« verbunden. Markt Oberdorf besaß eigene Gerichtsbarkeit und war nach der Marktordnung verpflichtet, den Platz zu befestigen. Neben Wällen und Torhäusern errichteten die Bürger 1453 in der Mitte ihres Ortes auch das erste Rathaus.

Bereits 1424 gab es ein Schloss in Markt Oberdorf. Fürstbischof Heinrich von Lichtenau ließ im frühen 16. Jahrhundert einen Neubau ausführen, der bis zum Jahr 1722 stand. Der ernsten Gotik folgte heiterer Barock, es entstand der heutige Schlossbau. Bis zur Säkularisation diente er den Fürstbischöfen als Jagdschloss und Sommerresidenz. Dann übernahm der bayerische Staat das Herrschaftsgebäude, die königlichen Behörden zogen ein.

Seit 1953 ist Marktoberdorf Stadt; seit 1978 Kreisstadt des neu gebil-

Die Lindenallee in Marktoberdorf

Kirche St. Michael, Bertoldshofen: Der Pestpatron St. Rochus, Holzfigur 1692

deten Landkreises Ostallgäu und damit kultureller und wirtschaftlicher Mittelpunkt desselben.

Besonders sehenswert ist die Stadtpfarrkirche St. Martin. Der heutige Bau geht auf den Plan des Füssener Baumeisters Johann Georg Fischer zurück, der 1673 in Marktoberdorf geboren wurde. Der mächtige Raum mit farbigen Fresken und Stuck wirkt prächtig und feierlich, vor allem auch durch den gewaltigen Hochaltar von Leonhard Fischer.

Das Schloss neben der Pfarrkirche ist ein eher schlichter Bau. Da Fischer auch hier der Baumeister war, bilden Schloss und Kirche eine schöne Einheit. Hinter dem Schloss ließ vor 200 Jahren Kurfürst Clemens Wenzeslaus eine 2 km lange Lindenallee anlegen. Ursprünglich stand hier alle acht Schritte ein Baum, leider sind inzwischen einige abgestorben. Spätere Forschungen ergaben, dass die Allee mit großer Wahrscheinlichkeit auf einem alten Weg entstanden ist und hier schon die Römerstraße Kempten–Epfach verlief. Für den Münchner Jakobsweg eine ideale Verbindung: Pilger können im Bewusstsein wandern, historischen Boden unter den Füßen zu haben, und sich an den alten Linden erfreuen.

Eine weitere Kirche von Johann Georg Fischer steht im Nachbarort Bertoldshofen. In St. Michael sind besonders interessante Fresken zu bewundern, von Stuckaturen umspielt, die vom Wessobrunner Ignaz Finsterwalter stammen.

Wegbeschreibung: Sechster Wandertag

Mit dem Prälatenweg zum Auerberg begeben wir uns auf geschichtsträchtigen Boden, denn schon im 1. Jahrhundert n. Chr. eroberten die Römer das Land südlich der Donau als Provinz Rätien, mit Augsburg als Hauptstadt. Damit begann für diese Region die geschichtlich fassbare Zeit.

Handelsstraßen wurden gebaut, am Auerberg vorbei verlief eine Abzweigung der Via Claudia Augusta in den Kaufbeurer Raum, wo sie auf die Straße Kempten–Epfach stieß. Diese Handelsstraßen wurden auch gerne von den mittelalterlichen Pilgern, die nach Santiago zogen, benutzt. So können wir ziemlich sicher sein, dass wir auf unserem Weg nicht nur den Spuren der Römer, sondern auch denen von Jakobspilgern folgen.

Wir verspüren die gleiche Freude an der schönen Landschaft ringsum wie wohl auch die früheren Pilger, wandern im

Gegensatz zu ihnen allerdings meist auf asphaltierten Sträßchen, dann wieder über Wiesen oder Waldwege von **Lechbruck** nach **Echerschwang**. In der Ortsmitte leitet unsere Muschel-Markierung auf einen Fußweg nach rechts in Richtung Vogelegg, der beim Angerhof in die Fahrstraße nach Ried mündet. Dieser folgen wir ca. 500 m nach rechts, gehen an der Abzweigung zum Wieshof vorbei und biegen nach etwa 200 m links in einen Wiesenweg, der uns direkt nach **Bernbeuren** bringt. Hinter der Kirche verlassen wir auf der Fahrstraße den Ort in Richtung Auerberg, nach ca. 500 m zweigt rechts ein Fußweg ab, welcher uns zum 1055 m hohen **Auerberg** hinaufführt.

Von Echerschwang aus könnten wir aber auch dem Prälatenweg folgen, um über Oberlinden, Angerhof, Thalhof (bemerkenswerte Kapelle), Straß und Sennhof zum Auerberg zu gelangen. Er bietet besonders an klaren Föhntagen einen phantastisch weiten Blick über die gesamte deutsche Alpenkette. Entsprechend gut besetzt ist der gemütliche Gasthof. Wir schauen uns zuerst die Wallfahrtskirche St. Georg mit ihrem romanischen Turm und der spätgotischen Muttergottes an. Auf einer Tafel an der Außenwand der Kirche lesen wir, dass sich auf dem Auerberg ca. 15–45 n. Chr. eine römische Zivilsiedlung befand, was bei Ausgrabungen gefundene Töpferei- und Webereierzeugnisse bezeugen.

Etwa 200 m unterhalb der Kirche auf dem Sattel stoßen wir auf ein Hinweisschild »römische Wallanlagen« und auf einen als »Römerweg« bezeichneten Wanderweg und folgen ihm ins hübsch gelegene Feriendorf **Stötten**. Von hier aus wandern wir nach **Bertoldshofen**, werfen einen Blick in die sehenswerte Kirche mit der Holzskulptur des hl. Rochus, der ja

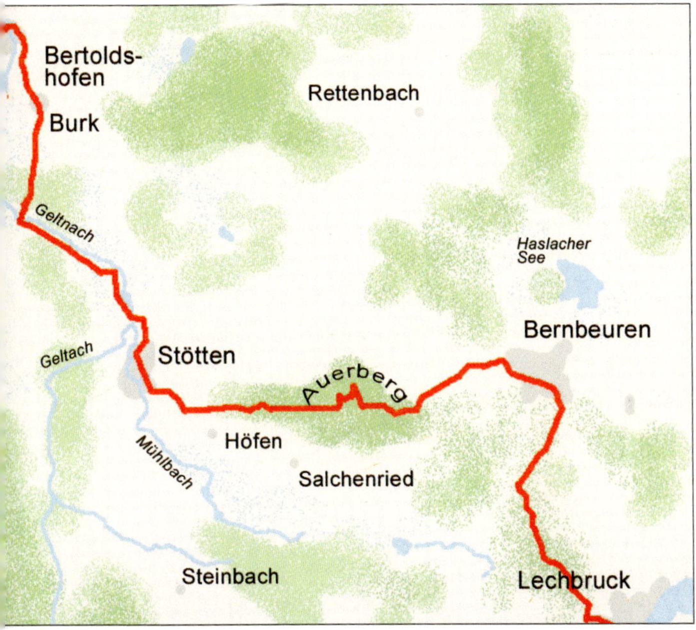

auch ein Schutzheiliger für Pilger ist, und schlendern nach **Marktoberdorf** weiter. Wir erreichen den Ort durch einen besonders hübschen Eingang, eine 200 Jahre alte und 2 km lange Lindenallee, die am ehemaligen fürstbischöflichen Schloss endet. Direkt daneben können wir in einem sehr schön gelegenen Biergarten diesen erlebnisreichen Tag noch einmal Revue passieren lassen und dabei den Blick auf Marktoberdorf genießen.

Weglänge: ca. 23 km
Topografische Karte: Bayerisches Landesvermessungsamt 1:50 000, Blatt: Kaufbeuren und Umgebung
Übernachtungsmöglichkeiten: Bernbeuren, Gasthof am Auerberg, Stötten, Marktoberdorf

Von Marktoberdorf nach Kempten

Die Siedlung an der Flusskrümmung: Cambodunum/Kempten

Cambodunum – Kembeten, Kemptun – Kempten: Schon an der Entstehungsgeschichte des Namens können wir feststellen, dass es sich um einen sehr alten Ort handeln muss. Mit seinen fast 2000 Jahren gehört Kempten zu den ältesten Städten Deutschlands überhaupt! Strabon, der griechische Geschichtsschreiber (63 v. Chr. – 23 n. Chr.), beschreibt das römische Cambodunum als städtische Siedlung, die Kaiser Tiberius rechts der Iller bereits 20 n. Chr. errichten ließ. Der Einfall der Alemannen im 3. Jahrhundert erzwang eine Verlegung auf die geschützte Burghalde am linken Ufer der Iller, wo sich seit dem Mittelalter die Stadt befindet.

Links: Weihestein für den Gott Mercurius, 2. Jh. n. Chr., in Kempten
Rechts: Der römische Kaiser Augustus. Zum Ende seiner Regierungszeit wurde die Römerstadt Cambodunum gegründet.

Die Römerstadt gilt als das zivile Verwaltungszentrum und Sitz des Statthalters der Provinz Rätien im 1. Jahrhundert n. Chr., noch vor der späteren Provinzhauptstadt Augsburg – Augusta Vindelicium. Durch den Limes stieg später die Bedeutung Augsburgs und die Verwaltungsorgane zogen dorthin. Es war ein Glücksfall für die Archäologie, dass das rechte Ufer der Iller bis ins 20. Jahrhundert nicht besiedelt wurde. Bei den Ausgrabungen, die bereits seit 1885 stattfinden, fand man eine komplette römische Stadt!

Seit 1983 werden einige Bereiche der einstigen antiken Siedlung als Archäologischer Park zugänglich gemacht: zuerst der Gallorömische Tempelbezirk, ein heiliger Bezirk, in dem Kelten, Germanen und Römer zu ihren Gottheiten beten konnten – es scheint ein friedliches Nebeneinander der Götter gegeben zu haben. Daneben im zweiten Abschnitt die Kleinen Thermen mit dem antiken römischen Badewesen; hier gewinnt man einen guten Überblick über diese beliebte

Blick vom alten Cambodunum auf die evangelische St. Mangkirche (l.) und die katholische St. Lorenzkirche (r.)

St. Mang in Kempten wurde ab 1426 über frühromanischen Fundamenten errichtet.

römische Freizeitbeschäftigung. Im dritten Abschnitt das Forum, der größte und nobelste Versammlungsraum der Römerstadt.

Es lohnt sich also für Wanderer und Pilger, in Kempten einen Ruhetag einzulegen, um die alte Stadt kennen zu lernen und sie mit Muße anzuschauen. Nicht nur wegen der Römerstadt alleine, sondern auch, um zu erfahren, wie es denn nach den Römern weiterging:

Im 8. Jahrhundert kamen die Mönche Theodor und Magnus aus dem Kloster St. Gallen nach Cambodunum, das zu dieser Zeit eine verödete Siedlung war. Theodor errichtete hier eine Missionszelle im Bereich der heutigen evangelischen Pfarrkirche St. Mang. Bald darauf gründete ein Franke namens Audogar das Kloster Kempten. Die Karolinger, besonders aber Hildegard von Schwaben, die zweite Gemahlin Karls des Großen, bedachten die Abtei mit bedeutenden Schenkungen. Aus der St. Galler Missionszelle wurde ein karolingisches Königskloster.

Auch die an der Iller entstandene Siedlung gewann an Bedeutung. Sie erhielt 1289 einen Freiheitsbrief und ab 1361 war Kempten Freie Reichsstadt. Die Klosterherren hatten aber noch weitreichende Rechte und so begannen jahrhundertelange Streitigkeiten. Erst 1525 konnte sich die Stadt von den letzten grundherrlichen Rechten der Äbte freikaufen. Zwei Jahre später schloss sich Kempten der Reformation an, unterstand unmittelbar dem Kaiser und genoss große Unabhängigkeit.

1802 war das Ende der Reichsfreiheit gekommen, auch die Tage des Stifts waren durch die Säkularisation gezählt. Stadt und Stift wurden dem Königreich Bayern einverleibt und 1811 »zwangsvereint«.

Heute ist Kempten mit etwa 62 000 Einwohnern die zweitgrößte Stadt des bayerischen Regierungsbezirks Schwaben und beherbergt neben einigen Industrieunternehmen vor allem das Zentrum der Allgäuer Milchwirtschaft.

Aus dieser langen und faszinierenden Geschichte sind natürlich viele eindrucksvolle Sehenswürdigkeiten erhalten, sowohl aus der protestantischen Bürgerstadt als auch aus der katholischen Stiftsstadt. Bei Interesse lohnt es sich, die entsprechende Zeit dafür zu reservieren.

Sehenswert ist auf jeden Fall die ehemalige Benediktiner-Klosterkirche St. Lorenz mit ihrer mächtigen Kuppel, den Doppeltürmen und ihrer prächtigen Innenausstattung. St. Lorenz ist der erste süddeutsche Barockbau nach dem Dreißigjährigen Krieg. Neben anderen Künstlern stehen Wessobrunner Stuckateure für auserlesene Schönheit und Qualität.

Gesehen haben sollte man auch die ehemalige Residenz mit den fürstäbtlichen Prunkräumen im Stil des bayerisch-schwäbischen Rokoko und den Fürstensaal. Die Räume sind heute als Museum allgemein zugänglich.

Alle interessanten Plätze und Gebäude Kemptens zu nennen, würde den Rahmen dieses Buches sprengen. Es lohnt sich, einen Führer zu kaufen und die alte und neue Stadt näher zu erkunden.

Wegbeschreibung: Siebter Wandertag

König-Ludwig-Weg und Prälatenweg begleiten uns nun nicht mehr weiter. Im Allgäu gibt es aber viele Wanderwege, die man benutzen kann. Die heutige Etappe ist die bisher längste und bezüglich der Wegführung auch die anspruchsvollste. Es bieten sich zwei Varianten an:

Hauptvariante über Geisenried und Oberthingau nach Kempten (empfohlen für Radfahrer, da für diese die Alternativroute nicht geeignet ist, und für Fußgänger, die den kürzesten Weg nach Kempten wählen wollen):

Vom Marktplatz in **Marktoberdorf** leitet die schwäbische Jakobsmuschel über Georg-Fischer-Straße und Jahnstraße zum Rathaus, dahinter über die Kemptnerstraße in die Bahnhofstraße, der wir geradeaus bis zur Abzweigung Schulzentrum folgen. Die Markierung mit dem roten Pfeil weist uns rechts in den Mühlsteig und zu den Sportanlagen. Direkt vor dem Sportplatz biegen wir rechts ab, nehmen nach etwa 1 km die erste Abzweigung über die Bahngleise und kommen nach **Thalhofen**. Hier überqueren wir die Wertach und folgen dem Radweg auf der rechten Seite der B 472 bis zur Abzweigung nach **Geisenried**. Ein Wanderweg führt uns in den Ort bis zur Kirche. Um nicht auf der Straße Richtung Unterthingau wandern zu müssen, biegen wir am Ortsende vor der St.-Georgs-Mühle auf einem mit einer »2« auf braunem Grund bezeichneten Weg nach rechts ab, queren über eine Brücke die Schnellstraße B 12, zweigen un-

Blaues Andreaskreuz, die Markierung des Schwäbisch-Allgäuer Wanderweges bei Unterthingau

mittelbar hinter der Brücke links ab, durchqueren einen kleinen Waldabschnitt und stehen erneut vor der B 12. Diesmal unterqueren wir sie und erreichen wieder die Straße nach Unterthingau.

Nach ca. 150 m taucht auf der linken Seite das offizielle Schild des Schwäbisch-Allgäuer Wanderweges auf, das durch ein blaues Kreuz und die Nr. 4 auf gelbem Grund gekennzeichnet ist. Der Jakobsweg hat also wieder einen Begleiter und beide leiten uns über die Weiler Höllbauer und Osterberg nach Oberthingau. Auf der Dorfstraße in **Oberthingau** gehen wir bis zum Wirtshaus, die blaue Wegmarkierung ist direkt aufs Haus gemalt, sie weist zur Bergstraße. Bei der nächsten Weggabelung halten wir uns rechts, zum Kreuz zwischen zwei Laubbäumen. Gottlob gibt es hier wieder fußfreundliche und romantische Wiesen- und Forstwege, ab und zu sind sie etwas feucht und moorig. Die Kirnach überqueren wir auf einem kleinen Holzbrückchen, die Strecke ist ganz nach unserem Geschmack: einsam und romantisch, aber mit der Jakobsmuschel und blauen Kreuzen sehr gut markiert.

Unser Weg mündet im rechten Winkel auf einen breiteren Waldweg, der nach rechts zur Kempter Waldkapelle weiterführt. Wer hier bereits hungrig oder durstig ist, kann sich in **Beilstein** bei einer Brotzeit stärken, denn der Weg durch den Kempter Wald ist noch lang und ohne Raststätten. Allerdings muss man dafür einen Umweg in Kauf nehmen und etwa 1 km lang nach links, in die entgegengesetzte Richtung wandern, bis zur Alpe Beilstein.

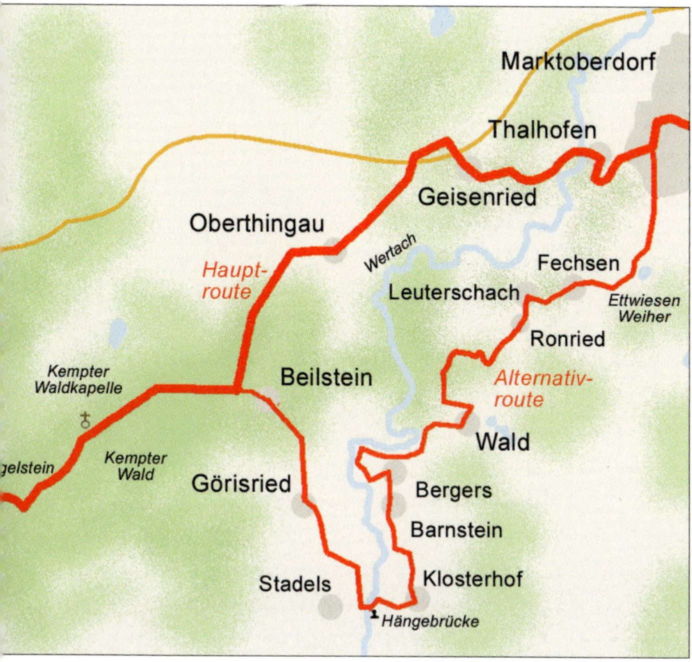

Wem danach der Weg bis nach Kempten zu lang ist, kann von Beilstein nach **Görisried** weitergehen und dort übernachten, um am nächsten Tag wieder über Beilstein Kempten zu erreichen.

Nach der Rast oder auch am nächsten Tag kehren wir zurück zum »Beilsteiner Findling« und zur vorerwähnten Waldkreuzung. Jetzt sind wir wieder auf dem richtigen Weg nach Kempten. Wenn wir den Empfangbach überquert haben, nehmen wir an der nächsten Kreuzung den Weg halb links aufwärts und gelangen zur liebevoll eingerichteten Kempter Waldkapelle. Direkt bei der Kapelle verlassen wir die ungeteerte Forststraße nach Betzigau und wählen den linken Wanderweg. Nach etwa 4 km taucht links am Weg ein riesiger Nagelfluhfelsen auf, der Dengelstein. Auf einer Tafel wird erklärt, dass er mit über 1250 Tonnen Gewicht und einer Höhe von über 8 m der größte noch erhaltene Findling des Kempter Waldes ist. Man vermutet, dass er während der letzten Eiszeit durch den Illergletscher vom Rottachberg in der Immenstädter Nagelfluhkette bis hierher transportiert wurde. Natürlich hat so ein Riesenfindling, der mitten im Wald liegt, auch seine Sage, die gleichzeitig erklärt, woher er seinen Namen hat: »Hier würde der Teufel im Auftrag des Todes immer dann seine Sense dengeln, wenn schlimme Zeiten bevorstünden.«

Nachdem wir ihn gebührend bewundert und umrundet haben, wandern wir weiter nach **Betzenried** und **Schweikarts**, nähern uns dahinter abwärts der Autobahn. Unser Weg mündet in die Straße, die rechts nach Betzigau weiterführt, wir aber folgen dem Autobahnzubringer nach links. Die Stadt Kempten hat extra für die Pilger links neben der Straße einen Fußweg angelegt, den wir gerne und dankbar beschreiten. Nach kurzer Zeit unterqueren wir die Autobahn, wandern über den Wei-

Dengelstein: Der größte noch erhaltene Findling aus der letzten Eiszeit im Kempter Wald

Kempter Waldkapelle, auf dem Weg von Beilstein nach Betzenried

ler Rößling zum Bachtelweiher und durch den Landschaftspark Engelhalde nach **Kempten** hinein. An der evangelischen Pfarrkirche St. Mang vorbei erreichen wir die Altstadt und das Alte Rathaus.

Alternativroute über Wald und Görisried zur Kempter Waldkapelle: (Diese Route wird ausschließlich Fußpilgern empfohlen. Für Radpilger ist die schwankende, sehr luftige und »durchsichtige« Hängebrücke über die Wertach bei Kaltenbrunn nicht passierbar. Zudem führt sie hinter Wald durch das sehenswerte Naturschutzgebiet der Wertachaue, das für Radfahrer gesperrt ist. Fußpilger, welchen die lange Strecke für einen Tag zu viel ist, können sowohl in Wald als auch in Görisried unterbrechen und somit diese Etappe auf zwei Tage aufteilen.)

Nach dem Rathaus in **Marktoberdorf** biegen wir nach links in die Bahnhofstraße ein, die uns auf geradem Weg aus Marktoberdorf hinausführt. Die Jakobsmuschel mit dem roten Pfeil zweigt rechts ab, wir bleiben auf der Bahnhofstraße und folgen der Muschel mit dem schwarzen Pfeil, die geradeaus weiterleitet. Wo die Straße nach Ettwiesen rechts abzweigt, gehen wir noch etwa 100 m geradeaus, bis auf der rechten Seite ein Weg in ein Wiesentälchen auftaucht. Auf ihm wandern wir – im Frühsommer durch herrliche Blumenwiesen – zum Ettwieser Weiher, weiter über Ellenberg nach **Fechsen**, an die Bahnlinie nach Berg und zur Kirche nach **Leuterschach**. Dahinter bleiben wir zunächst auf dem Gehweg entlang der Staatsstraße 2007 bis nach Ronried. Ca. 1 km danach folgen wir dem Fußweg nach rechts, biegen nach einem weiteren Kilometer nochmals rechts ab, an einer Scheune vorbei, kurz danach gabelt sich der Weg, wir nehmen den linken und erreichen, am Waasenmoos vorbei, das Gemeindegebiet von **Wald**.

Von Wald aus führt der markierte Weg zur Abbruchkante des Wertachufers, südlich des Bauernhofes Birngschwend beginnt der Abstieg in die Wertachaue. Sie ist nur Wanderern erlaubt. Recht anstrengend führt unser Weg nach der Wertachschleife hinauf in den Ort **Bergers** und an einem Weidezaun vorbei hinunter zur Straßenkreuzung nach **Barnstein**. Radfahrer haben hier die letzte Möglichkeit, den markierten Pilgerweg zu verlassen, um auf der Hauptstraße direkt nach Görisried zu fahren.

Fußpilger wandern an der oberen Uferkante entlang, über Häusern nach **Klosterhof**, kreuzen dahinter die viel befahrene Hauptstraße nach Nesselwang und kommen nach **Gemmels/Kaltenbrunn**. Hier leitet das Wegerl wieder zurück zur Wertach und zum Höhepunkt dieser Route, der Hängebrücke über den Fluss. Die Wertach auf einem schwankenden Hängebrückerl zu überqueren, ist ein besonderes Erlebnis, für den einen oder anderen nicht ganz schwindelfreien Fußpilger vielleicht sogar eine echte Mutprobe.

Hängebrücke über die Wertach bei Kaltenbrunn

Am anderen Wertachufer geht's auf einem – bei Nässe manchmal sehr glatten – Bohlensteig steil aufwärts und direkt nach **Görisried** hinein, wo wir uns wieder etwas von diesem aufregend schönen Teilstück erholen können. Wenn es bereits Nachmittag ist, sollte spätestens hier die Etappe unterbrochen werden, denn der Weg nach Kempten ist noch weit. Es ist nicht unbedingt ratsam, im Kempter Wald in die Dunkelheit zu geraten.

Am anderen Tag verlassen wir Görisried auf direktem Weg nach Beilstein und treffen dort wieder auf die Hauptroute.

Weglänge: Hauptroute ca. 27 km (bis Beilstein 15 km); Alternativroute ca. 38 km, bis Wald 11 km, bis Görisried 22 km
Topografische Karte: Bayerisches Landesvermessungsamt 1:50 000, Blatt: Kempten und Umgebung
Übernachtungsmöglichkeiten: Geisenried, Leuterschach, Wald, Görisried, Oberthingau, Betzigau, Kempten

Allgäu, wo's am schönsten ist

Wir wandern auf der Pilger Spuren
Von Bayern bis nach Spanien hin.
Wir gehen zeitlos – ohne Uhren,
Sind offen für des Weges Sinn.

Von Kempten nach Weitnau

»Es ist heute« – irgendwo unterwegs

Nach einer Woche Wanderung sind die Anfangs-Wehwehchen an den Füßen und Beinen so gut wie verschwunden. Das tägliche Gehen und die frische Luft haben die Alltagssorgen aus dem Kopf geblasen, er ist nun wieder frei für neue Gedanken und bildet eine harmonische Einheit mit dem Körper. Wir haben unseren Rhythmus gefunden, der in der Geschwindigkeit des menschlichen Gehens liegt. Wahrscheinlich deshalb sehen, riechen, hören wir mehr als in den ersten Tagen, fühlen uns als Teil der Natur und Landschaft, nehmen alles viel deutlicher wahr als sonst. Und was gibt es nicht alles wahrzunehmen! Wir befinden uns bereits mitten im Allgäu, das im Frühling und Frühsommer vor allem durch seine saftigen Wiesen mit unzähligen Löwenzähnen und Frühlingsblumen aller Art besticht. Kaum eine ebene Fläche findet sich, sondern sanft gewellte Buckelwiesen werden allmählich zu grün glänzenden Hügeln, die sich zu samtigen Vorbergen und schließlich zu hohen Grasbergen aufschwingen. Dazwischen zahlreiche eingestreute Seen, kleine Weiler und Dörfer mit stattlichen Bauernhöfen, barocken Zwiebeltürmen und bemalten Gasthöfen, die zum Verweilen einladen. Wenn zu alledem noch die Sonne scheint, durchwandert man eine zauberhafte Bilderbuchlandschaft.

Auf dem lang gestreckten Kamm des Sonnecks vor Weitnau wachsen viele unterschiedliche Frühlingsblumen und wir genießen ihren süßen Blütenduft, dazu kommt hier oben eine

Ausblick vom Sonneckgrat nach Süden und in die Allgäuer Berge

wunderbare Aussicht auf die gegenüberliegenden Allgäuer Berge. Selbst Gehen ist noch zu schnell, um das alles aufzunehmen. Da hilft nur eine längere Rast mittendrin in diesem zauberhaften Wirrwarr, in dem alle Farben und Formen von Blüten und Gräsern üppig und vielfältig vertreten sind.

Unter uns liegen in kleinen Grüppchen Kühe und Kälber beieinander, denen man ansehen kann, dass es ihnen hier ausnehmend gut gefällt. Sie scheinen außerdem viel Zeit zu haben. Mir scheint, dass wir Menschen doch nicht die klügsten Lebewesen sind, wir hetzen uns selber durchs Leben, als ob es unendlich sei, und vergessen viel zu oft die kleinen Dinge, die vielen Augenblicke, aus denen das Leben letztlich doch besteht.

Hier oben spüren wir, wie die Natur den Rhythmus bestimmt. Und sie atmet wohl etwas langsamer, denn während wir ruhig sitzen und uns umschauen, ist mir, als ob der Zeittakt umgeschaltet worden sei, zurückgedreht, als verginge die Zeit viel langsamer. Instinktiv sieht man die Natur, die Tiere und Menschen genauer, gründlicher, geruhsamer an. Es ist einer der seltenen Augenblicke, in denen ich nicht das Gefühl habe, dass mir die Zeit zwischen den Fingern zerrinnt, sondern dass ich aus ihrer Fülle schöpfe, dazugehöre, ein Teil dieser Natur bin. Es ist ein äußerst angenehmes Gefühl. Helmut Zöpfl scheint es gut zu kennen:

Jetzt

I lieg am Bod'n und hör an Wind
Wiara si stroaft im Gras;
Koa Uhr is da, dia wo mi zwingt
Und sagt ma, dua jetzt was!

I blinzlt in de warme Sonn,
I denk mir bloß: wia schee!
Schad, dass man nix dahaltn konn.
Geh weiter, Zeit, bleib steh.

Das uralte australische Naturvolk der Aborigines, das mit einem tiefen Sinn für Weisheiten und Mythen ausgestattet ist, der uns im Laufe unserer so genannten »Zivilisation« verloren gegangen ist, hat sich das natürliche Zeitgefühl erhalten. Die wenigen Aborigines, denen es noch gelingt, in ihrer ursprünglichen Weise leben zu können, begrüßen jeden neuen Morgen mit »Es ist Heute« und verbinden diesen Gruß mit einem Dank an die Schöpfung und an alle Geschöpfe dieser Erde.

Technisch gesehen sind wir ihnen weit voraus und bezeichnen sie gerne als »primitiv«, im Sinne der menschlichen Entwicklung aber kommt man beim Vergleichen unweigerlich ins Grübeln …

Von Buchenberg ins Westallgäu

Wie kurz die Zeitspanne der Entwicklung unseres christlichen Abendlandes z.B. im Vergleich zum 50 000 Jahre alten Volk der Aborigines ist und wie gering und kurzlebig der Einflussbereich einmal errungener Macht, darüber können wir gut entlang der alten Römerstraße nachdenken, auf die wir bei Buchenberg wieder stoßen. Hier sind sogar Reste einer alten römischen Geleisestraße erhalten, die an stei-

Wegweiser auf dem Sonneckgrat

Der Eistobel, zwischen Riedholz und Hohenegg

len Strecken eingehauen wurden. Der noch gut erkennbare Hohlweg erreicht auf der Passhöhe die höchste Stelle zwischen Salzburg und Bregenz.

Ein Stück weiter in Richtung Isny steht bei Untereinöden die Kopie eines alten römischen Meilensteins. Der Text ist für kundige Lateiner sicher gut lesbar, inhaltlich verhält es sich wie mit den Symbolen des Mittelalters in alten Kirchen oder Kreuzgängen: Sie werden von den Menschen unserer Zeit nicht mehr verstanden, haben keine Bedeutung mehr – oder nur noch indirekt dort, wo sie für die Entwicklungsgeschichte nachfolgender Generationen und Zeitalter wichtig waren.

Der Markt Buchenberg hat überall im Bauernland Hinweistafeln aufgestellt, um über Geschichte, Ereignisse, Kirchen und das bäuerliche Leben früher und heute zu informieren. Entlang vieler Wege zeugen Kapellen und Feldkreuze von lebendig gebliebenen Traditionen. Auch auf unserem

Am Herrenwieser Weiher, im Hintergrund das Dorf Ermengerst

Pilgerweg kommen wir an solchen Informationstafeln vorbei und lernen so das durchwanderte Gebiet besser kennen und verstehen.

Naturliebhaber kommen in diesen Allgäuer Tagen voll auf ihre Kosten. Neben den Flüssen prägen vor allem viele silbrig glitzernde, von eiszeitlichen Gletschern geformte Seen das Allgäuer Moränenland. Und wo es viele Flüsse gibt, stehen Mühlen, wie z.B. die Aheggmühle bei Buchenberg, die zu den schönsten Mühlen des Kemptener Raums gehört.

Etwas weiter westlich bei Riedholz, das schon zum Westallgäu zählt, verbirgt sich das spektakulärste Naturschauspiel dieser Gegend, der »Eistobel«. Durch ein vorzeitliches Erdbeben entstand ein Höhenzug, der später vom Schmelzwasser des Rheingletschers durchschnitten wurde. Die Erosion verwandelte den Einschnitt in eine 3 km lange Schlucht, das

Romantischer Rastplatz am Sonneckgrat

Wasser des Argen muss sich durch ein Gewirr von riesigen Nagelfluhblöcken zwängen und schuf malerische Wasserfälle. Man kann auf gesicherten Wegen durch die Schlucht gehen, die zu jeder Jahreszeit begehbar ist. Falls man sich ein Teilstück ansehen will, sollte man wenigstens bis zum ersten Wasserfall wandern.

Wir wären nicht im Allgäu, wenn nicht auch Sennereien unseren Weg kreuzen würden, in denen seit Jahrhunderten herzhafter Allgäuer Käse hergestellt wird. Nur der »Emmentaler« ist verhältnismäßig jung hier. Erst Anfang des 19. Jahrhunderts hat man diese Art der Käsezubereitung aus dem Tal der Emme im Schweizer Kanton Bern übernommen. Auf der »Westallgäuer Käsestraße« laden gemütliche Gasthäuser zu einer deftigen Brotzeit ein. In Stiefenhofen, Balzhofen und Simmerberg liegen sie nahe unserem Pilgerweg.

Wegbeschreibung: Achter Wandertag

Nachdem wir gestern nach 27 km Fußwanderung zu müde waren, um die Stadt anzuschauen, nehmen wir uns morgens dafür etwas Zeit, flanieren durch die schöne Altstadt von Kempten und können am Rathausplatz einen Kaffee trinken, bevor wir unseren Weg fortsetzen.

Vom Rathausplatz führt unsere Muschelmarkierung zur ehemaligen Stiftskirche St. Lorenz. Geradeaus weiter gelangen wir über Wartenseestraße, Reiserweg und Robert-Weixler-Straße zum Reichelsbergweg, der uns in das Rottachtal bringt. Auf einem Fußbrückerl überqueren wir die Rottach, dahinter nehmen wir links die Thingerstobelstraße, in der Verlängerung die Heggerstobelstraße, und kommen in die Mariaberger Straße, die uns links bergaufwärts zum **Mariaberg** leitet. Bei Kirche und Gasthaus steigen wir nach rechts auf den kleinen Sattel hinauf und genießen den beeindruckenden Panoramablick auf Kempten und die aussichtsreiche Hügellandschaft des Allgäus. Der Weg führt uns wieder zurück auf die Mariaberger Straße und hinunter zum Herrenwieser Weiher. Wir nehmen den rechten Wanderweg um den See herum nach **Ermengerst** mit seiner wunderschönen Kirche. Hier vereinen sich der Augsburger und der Münchner Jakobsweg. Von Ermengerst führt der Weg nach Südwesten aus dem Ort hinaus. Wir benutzen dabei eine stillgelegte Bahntrasse. Dieser ganz leicht

ansteigende Rad- und Wanderweg führt nach Buchenberg. An der Ortsgrenze verlassen wir die Bahntrasse und wandern in den Marktflecken **Buchenberg** hinein.

Die Buchenberger Pfarrkirche, in wenigen Schritten zu erreichen, wurde 1792/93 erbaut, nachdem die alte Kirche aus dem Mittelalter abgebrochen worden war. Die dem hl. Magnus geweihte Pfarrkirche ist in einheitlichem Louis-seize-Stil (dem so genannten Zopf-Stil) erbaut. Sie wurde 1993 grundlegend renoviert.

Die Wirlinger Straße führt uns aus Buchenberg hinaus und biegt nach ca. 500 m rechts ab in den Wirlinger Wald. Auf dem

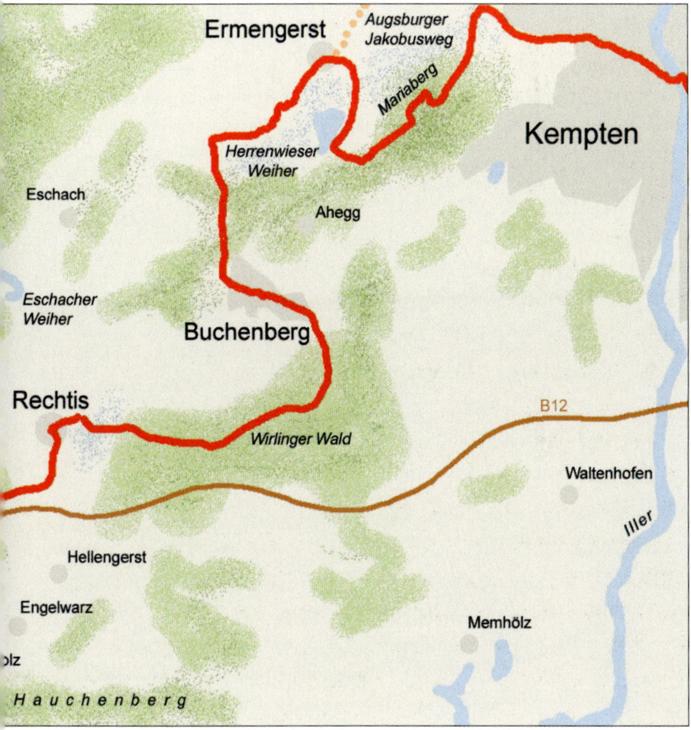

gut ausgebauten »Waldsträßle« kommen wir nach einer guten halben Stunde Wanderzeit wieder auf die Trasse der ehemaligen Bahnlinie.

Hinweis: Pilger, die schon eine leichte Müdigkeit verspüren oder flache Wege bevorzugen, queren nicht die Bahntrasse, sondern biegen links auf sie ab und folgen diesem nicht geteerten Fahrradweg bis nach Weitnau hinein (auch bei schlechtem Wetter empfehlenswert).

Unser Jakobsweg quert die Trasse und folgt einem ansteigenden Weg Richtung Rechtis. Nach ca. 500 m überqueren wir die Kreisstraße OA 7 bei einem Rastplatz, von hier aus gelangen wir zum Rechtiser Bachtobel, über eine Brücke, durch ein Viehgatter (für Radfahrer ungeeignet) und anschließende Alpwiesen geht's hinauf zum Dorf **Rechtis**. Die St. Ulrichskirche links des Weges kann auf eine mehr als 770-jährige Tradition stolz sein.

Der Namenspatron St. Ulrich, früherer Bischof von Augsburg, hat viel zur Christianisierung dieses Gebietes beigetragen. Im Deckenfresko ist die Schlacht auf dem Lechfeld 955 n. Chr. dargestellt. Die außen und innen restaurierte Dorfkirche mit ihren romanischen, gotischen, barocken und moderneren Stilrichtungen ist eine Besonderheit.

Von Rechtis führt die Wanderroute zum westlichen Ortsrand und leider auf die Kreisstraße OA 7, 1 km nach Westen bis zum Weiler **Osterhofen**. Hier zweigt ein Wanderweg rechts bergansteigend auf den Sonneckgrat ab. Etwa 5 km schlendern wir wechselweise über Alpwiesen und Waldzonen immer am Grat entlang Richtung Weitnau. Schöne Aussichtspunkte und Ruhebänke laden zum Verweilen ein. Wir lassen uns nicht verleiten, dem Oberallgäuer Rundwanderweg oder einer anderen »Abkürzung« ins Tal zu folgen, sondern bleiben auf dem ausgeschilderten Gratweg bis zur **Sonneckhütte** (1050 m), einer Blockhütte, die mit Tischen und Bänken zur Rast lockt. Sie

Die Sonneckhütte: Erst hier geht es links nach Weitnau hinunter.

liegt an einer Waldlichtung, über die eine Forststraße führt. Erst hier biegen wir links ein, Richtung **Weitnau**, und genießen nach 2 km am nördlichen Ortsrand einen herrlichen Blick über das Tal.

Auf befestigtem Weg gelangen wir in die Ortsmitte zum historischen Amtshaus und weiter zur Pfarrkirche St. Pelagius. Überrascht bleiben wir am Kircheneingang stehen: Selten sahen wir so eine farbenprächtige Halle, himmelblau und rot im Sterngewölbe und am Triumphbogen, golddurchwirktes Rotbraun eines gemalten Wandteppichs, Heiligendarstellungen am Himmel und an den Wänden. Es dauert eine Weile, bis wir Jakob entdecken. Diese Kirche ist eine der schönsten neugotischen Kirchen in Schwaben.

Weglänge: ca. 27 km
Topografische Karte: Bayerisches Landesvermessungsamt 1:50 000, Blatt: Kempten und Umgebung
Übernachtungsmöglichkeiten: Ermengerst, Buchenberg, Weitnau

Von Weitnau nach Simmerberg

Das alte Kirchlein von Zell

Die alte Salzstraße, die, von Hall in Tirol kommend, durchs Oberallgäu zum Bodensee und über das Rheintal nach Oberitalien führte, war nicht nur Straße der Fuhrleute, sondern auch Pilgerweg. Sicher ist sie nicht nur von den Rompilgern benutzt worden, sondern auch von solchen, die nach Santiago unterwegs waren.

Bei den vielen Kirchen und Kapellen am Weg hätten wir die Kirche von Zell beinahe übersehen. Von außen wirkt sie eher unauffällig, in ihrem Inneren aber birgt sie erstaunliche Kunstwerke.

Die Anfänge der Kirche werden auf die ersten Missionare zurückgeführt, man nimmt an, dass diese vom Kloster St. Gallen oder Chur aus hierher kamen. Sie bauten anfangs kleine Hütten, Zellen genannt, die dann mit der Zeit zu Kapellen und Kirchen umgebaut wurden. In den Archiven von St. Gallen und Konstanz gibt es Urkunden, aus denen man das 9. Jahrhundert als Gründungsjahr für das Kirchlein in Zell annehmen kann. Die heutige Form geht auf das Jahr 1440 zurück.

Im Inneren glänzt sie durch seltene Schönheit. Die Fresken aus dem 15. Jahrhundert wurden leider im 18. Jahrhundert übertüncht. 1883 bröckelte der Putz ab, in mühevoller Arbeit wurden die Fresken restauriert. Über dem Chorbogen ist das Weltgericht dargestellt, an der linken Wand Szenen aus dem Leben der Muttergottes. Auf der rechten Seite, unter den ersten Märtyrern der Christenheit, finden wir auch Jakobus abgebildet. Uns gefällt besonders der Hochaltar, aus einer lateinischen Inschrift ist zu entnehmen, dass er von Johann Strigel d. Ä. 1442 fertig gestellt wurde: Nach beliebter gotischer Art ist er als Schrein gearbeitet, mit Gold hinterlegt und mit zwei Flügeln verschließbar. In der Mitte Maria mit dem Kind, flankiert von den hl. Barbara und Stephanus. Auch die Flügel sind mit Heiligen bemalt. Bei geschlossenem Altar sieht man außen die Geburt Christi und die Anbetung der Könige.

Wir freuen uns, als wir auf einem der beiden Seitenaltäre St. Rochus entdecken. In einer besonders netten Darstellung enthüllt er beinahe neckisch sein Knie, um einem Engelchen seine Pestbeule vorzuführen. Besonders von den italienischen Pilgern wird er als Schutzpatron verehrt und ist uns in vielen Kirchen am Jakobsweg in Frankreich und Spanien begegnet.

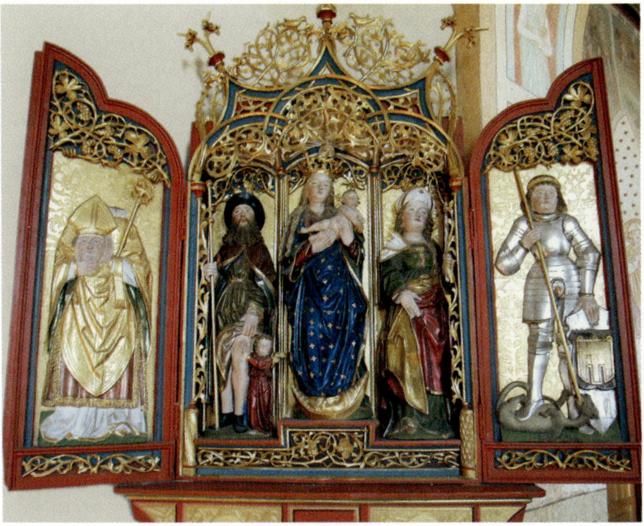

Zell, linker Seitenaltar: links von Maria St. Rochus, rechts die hl. Barbara, auf den Flügeln St. Alban und St. Georg

Durch die Wandmalereien und die Altäre ist die Zeller Kapelle in die Kunstgeschichte eingegangen. Wir können gut verstehen, dass in diesem farbig leuchtenden Raum besonders gerne Hochzeit gefeiert wird.

Weiler-Simmerberg an der alten Salzstraße

Weiler-Simmerberg geht auf eine Gründung des Benediktinerklosters St. Gallen zurück und gehört zu den ältesten Pfarrorten. In einer St. Gallener Urkunde taucht der Name Weiler erstmals im Jahr 894 auf.

Mönche des Klosters St. Gallen gründeten in Weiler einen »Maierhof«. Die Bauern im Dienste des Abtes von St. Gallen nannte man Maierherren. Sie wurden die späteren Ritter von Weiler. Der Wohnsitz der Herren von Weiler war die Altenburg, einst ein mächtiges und stolzes Schloss.

Jedes Schloss, das etwas auf sich hält, hat auch seine Sagen. Von der Altenburg fand Vinzenz Dieing, ein Schüler aus Weiler, folgende Volkssage:

»Die Herren von Altenburg waren bekannterweise streng und grausam. Besonders der letzte ihres Stammes soll seine

Diese Tafel im Wald erinnert an die Altenburg.

Die Reste der Altenburg heute …

Untertanen hart gedrückt und geschunden haben, weshalb er auch ein schlimmes Ende genommen haben soll. Lange schon war er seines Lebens nicht mehr sicher, ja er konnte sich nicht einmal mehr öffentlich sehen lassen. Nur unter Anwendung allerlei Listen und in völliger Vermummung konnte er den Nachstellungen seiner vielen Feinde entgehen. So ließ er beispielsweise seinen Rossen die Hufeisen verkehrt herum aufnageln, um eine falsche Richtung seines Rittes vorzutäuschen. Schließlich wurde er von seiner eigenen Haushälterin verraten. Sie hängte ein paar rote Strümpfe just dort am Fenster auf, wo der Burgherr seine Mahlzeit einzunehmen pflegte. Auf dieses verabredete Zeichen hin soll der Ritter durch das Fenster erschossen worden sein.«

Simmerberg gehörte 1570 noch zum Kloster St. Gallen, danach war es Teil des Kaiserreiches Österreich und kam erst 1806 auf Befehl Napoleons zu Bayern.

Unser besonderes Interesse gilt naturgemäß der Hauptstraße Simmerbergs, denn sie entspricht dem Verlauf der al-

Kirche St. Stephan (1495), Genhofen

ten »Salzstraße«, die von Tirol nach Bregenz führte. Während der vergangenen Jahrhunderte war sie die bedeutendste Verkehrs- und Handelsstraße des Allgäus. Im Mittelalter wurden viele der alten Römerstraßen als »Salzstraßen« benutzt.

Simmerberg wurde durch den Salzhandel ein reicher Ort im Westallgäu, ist 1783 als »Hauptstapelplatz« für Salz erwähnt und erhielt 1804 von Österreich das Marktrecht. Die alte Salzfaktorei, ein Fachwerkbau an der »Alten Salzstraße«, zeugt noch heute davon.

Sehenswert ist die Pfarrkirche St. Blasius, ein klassizistischer Bau, in dem es auch Älteres zu sehen gibt. Ebenso sind das Westallgäuer Heimatmuseum und das Kornhaus-Museum empfehlenswert.

Wegbeschreibung: Neunter Wandertag

Heute müssen wir uns wieder einmal zwischen zwei Varianten entscheiden.

Markierte **Hauptvariante** von Weitnau nach Simmerberg für Pilger mit Kultursinn und genügend Zeit:

Vom Ortszentrum in **Weitnau** aus, beim Gasthof »Zum Goldenen Adler«, ist der Carl-Hirnbein-Weg mit der Jakobsmuschel bezeichnet. Carl Hirnbein, der als Erster die Weichkäserei in das damals verarmte Allgäu brachte, lebte von 1807 bis 1871 in Missen und Weitnau. Der ihm gewidmete Weg führt uns bergauf in Richtung Tennisplatz. Rechts daran vorbei kommen wir zur Talstation von zwei Skiliften. Der Kiesweg mündet in einen mit Sägespänen bestreuten Pfad und wendet sich nach links aufwärts, wo uns ein glucksendes Bächlein entgegenspringt. Auf großen Schautafeln entlang des Weges wird anschaulich die hiesige Tier- und Pflanzenwelt erklärt. Im Zickzack über ein kleines Bachtal gelegte Baumstämme laden zum Balancieren ein, große, aus dicken Seilen geknüpfte Spinnen verführen zum Klettern, in Hängemätten, die zwischen Bäumen befestigt wurden, kann man sich von der Turnerei wieder erholen. Entsprechend kurzweilig ist der Weg durch den Mischwald. Dahinter

Die Sakristeitür mit Hufeisen des Genhofner Schmieds

erreichen wir durch die lieblichen Wiesenlandschaften des Trettenbachtals, an einem Weiher vorbei, **Wilhams**. Von der Ortsdurchgangsstraße biegt ein schmales Sträßchen nach rechts hinunter zur Fahrstraße Sibratshofen–Missen ab. Auf dieser müssen wir etwa 300 m nach rechts weitergehen, bis wir das kleine Sträßchen zur Stoffelsmühle erreichen, dem wir steil bergan bis Aigis folgen.

In **Aigis** führt der Weg direkt zu einer kleinen Kapelle, auf deren Altar eine Statue des hl. Rochus steht. Hinter der Kapelle biegt der Weiterweg nach rechts ab. Er bringt uns nach **Geratsried** und ins Rothheidetal. Wir überqueren die Jugetach, die Gumpe neben der Brücke lädt zu einem abkühlenden Bad ein. Im steilen Anstieg, vorbei an »Abeles Alp«, erreichen wir die Alpe »Rote Heide« und danach ein geteertes Fahrsträßchen, das talauswärts ab Trabers nach Mutten führt. Am Ortsausgang von **Mutten** biegen wir links ab zum Wanderweg Zell über das »Schwarzenbachtal«. Der kleine Umweg nach Zell lohnt sich für das bekannte und sehenswerte Kirchlein.

Unsere Muschel leitet nach der Kirche in Richtung Weißenbachmühle. Wir überqueren die Bahnbrücke und erreichen über Wolfsried, vorbei am Reiterhof, die Ortschaft **Genhofen**

mit der wunderschön auf einer kleinen Anhöhe gelegenen St. Stephanskapelle.

Im Inneren beschreibt ein vom Pfarrer selbst verfasster Führer die Besonderheiten aller in diesem Teilstück befindlichen Kapellen. In Genhofen ist erläutert, warum an der Sakristeitüre so viele Hufeisen hängen: Die Stephanskapelle befand sich an einer wichtigen Durchgangsstraße. Um etwa 250 n. Chr. als »Via decia« von den Römern gebaut, wurde später auf ihr das Salz befördert, was ein wichtiger Nebenerwerb für die Bauern der Umgebung war. Wenn sie ihre Naturalabgaben für ihren Herrn, den Grafen von Montfort, nach Immenstadt gebracht hatten, bekamen sie Salz als Rückfracht, denn seit 1360 waren diese Grafen mit dem Geleitrecht »vom Ainbeginn der Wertach« bis zum Bodensee betraut. Da die Pferde mit ihren Fuhrwerken hinter Genhofen eine starke Steigung überwinden mussten, war der Schmied ein gefragter Mann. Er sorgte für Vorspann und befestigte lockere Hufeisen. Viele von ihm gefertigte Hufeisen zieren deshalb als Votivgaben die Sakristeitüre.

Unter den Figuren des Hochaltars entdecken wir rechts neben der Gottesmutter – Jakobus! Sollte das ein Hinweis darauf sein, dass die alte Salzstraße ein Jakobsweg war?

Gleich hinter der Kapelle beginnt der Kapellenweg, der zunächst nach **Aich** führt. Auf dem kurzen Wegstück auf der alten Salzstraße können wir uns selbst ein Bild über die Beschwerlichkeit für Pferde und Fuhrleute aus vergangener Zeit machen. Bei der Wegkapelle – am Hahnschenkel – zweigt der Weg nach Iringshofen ab. Nach dem letzten Gehöft gehts rechts weiter durch die Talaue nach **Hopfen** und zur St. Martinskapelle. Hier in der Ortsmitte kann man sich nach dem ständigen Auf und Ab dieser Tagesetappe in der Sennerei mit einem Glas Milch und einem würzigen Käse stärken, schließlich befinden wir uns ja mitten im schönsten Allgäu.

Ein römisches Steinrelief bei Isny, 3. Jahrhundert n. Chr.

Kräuter- und Teefreunde, die sich dafür allerdings etwas Zeit nehmen müssen, finden in etwas mehr als 1 km Entfernung in der unserem Weg entgegengesetzten Richtung nach Oberstaufen das interessante »Kräuterdorf Artemisia«. Auf 3,5 ha werden zahlreiche Heil- und Gewürzpflanzen angepflanzt. In einer kleinen Teestube mit Kerzenduft und sonstigen Wohlgerüchen kann man sich beraten lassen, die verschiedenen Teesorten auch gleich probieren und sich dabei wunderbar entspannen.

Unser Pilgerweg führt in Hopfen hinter Sennerei und St. Martinskapelle durch den Wald über Hinteregg nach **Burkatshofen**. Von hier aus erreichen wir wieder die alte Salzstraße und nach einem weiteren Kilometer über Nagelshub endlich auch **Simmerberg**.

Alternativroute für Pilger, die zügig vorwärts kommen wollen und die sich an Naturdenkmälern begeistern (Voraussetzung für diese Alternativroute ist allerdings Trittsicherheit und Erfahrung bei der Wegfindung im unmarkierten Gelände mittels einer Wanderkarte, insbesondere beim Abstieg in den Eistobel und beim anschließenden Aufstieg auf den kleinen Gipfel des Kapf):

Wieder einmal hilft uns ein Radweg aus und wir wandern von **Weitnau** aus über Ritzenschattenhalb in Richtung Seltmans. Vor dem Ort biegen wir links in einen Wanderweg ein, der uns oberhalb eines idyllischen Baches am Hang nach **Sibratshofen** führt. An der Kirche vorbei zweigt unsere Route nach einigen hundert Metern rechts von der Straße in Richtung Ober-/Unterried ab. Wir lassen die Bauernhäuser dieser Weiler rechts liegen und folgen der kleinen Ortsverbindungsstraße Richtung Hohenegg. Achtung: Dort, wo die Straße in einem scharfen Rechtswinkel über eine Brücke abbiegt, laufen wir geradeaus auf einem schattigen Waldweg weiter, der zum Eistobel hinunterführt. Hier hat sich der Obere Argen einen Weg durch die Sandsteinfelsen gegraben. Weil hier, wenn's kalt ist, malerische Eisgebilde entstehen, heißt die Schlucht **Eistobel** und Naturfreunde sollten sich dieses Naturdenkmal unbedingt ansehen. Malerisch sind die mächtigen Blöcke aus Nagelfluh, wir gehen mindestens bis zum großen Wasserfall weiter, kehren dann um, um im steilen Anstieg zum im Wald versteckten kleinen Gipfel des Kapf aufzusteigen. Der weitere Weg orientiert sich am Gratverlauf in Richtung Harbatshofen. Beim Abstieg nach Harbatshofen gilt es, eine kleine Bergsturzfläche zu überklettern, beim

Der Eistobel: In der Schlucht des Oberen Argen

Gasthof Adler überqueren wir die Straße in Richtung Stiefenhofen und biegen nach etwa 1 km rechts in die Seitenstraße nach Rutzhofen ab. Nach ein paar 100 m, aber noch im Ort, zweigt ein Wanderrundweg zum Balzerberg ab, über den wir zu unserem heutigen Tagesziel nach **Simmerberg** gelangen.

Weglänge: Hauptvariante ca. 29 km; Alternativroute ca. 23 km
Topografische Karten: Bayerisches Landesvermessungsamt 1:50 000, Blätter: Kempten und Umgebung; Lindau, Oberstaufen und Umgebung
Übernachtungsmöglichkeiten: Wilhams, Zell/Buflings, Genhofen, Hopfen, Burkartshofen, Simmerberg, Weiler, Sibratshofen

Auf Genusstour zum Bodensee

Von milder Luft sind wir umgeben,
An sanften Hängen wächst der Wein,
Am Bodensee, herrlich gelegen,
Da schaut die Welt so friedlich drein.

Von Simmerberg über den Pfänder nach Bregenz oder Lindau

Von Bayern nach Österreich

Erstaunt stellen wir fest, wie weit man mit vielen kleinen Schritten kommt. An den Aussichtspunkten, an denen wir unsere bisherige Wanderstrecke überblicken können, sind wir immer wieder überrascht, was alles bereits hinter uns liegt.

Doch von den 2700 km nach Santiago dürften wir jetzt ungefähr zehn Prozent geschafft haben, die Kilometeranzahl ist also kein Grund für ein Resümee – eher für ein aufmunterndes »Ultreya«: weiter, auf nach Santiago.

Scheidegg, die letzte Station auf dem Westallgäuer Hochplateau, liegt auf einer Höhe von etwa 800 m. Durch seine bevorzugte Lage und heilklimatischen Verhältnisse ist es Kurort und dadurch einer der zehn größten Fremdenverkehrsorte im Allgäu bzw. in Bayerisch-Schwaben.

Die Besiedelung des Gebietes um Scheidegg erfolgte wahrscheinlich im 6. und 7. Jahrhundert durch die Alemannen. Scheidegg gehörte bis 1481 zu Weiler. Das ganze Gebiet blieb bis zum Preßburger Frieden 1806 (Napoleon) bei Vorarlberg und kam dann zu Bayern.

Wir befinden uns jetzt im Dreiländereck Deutschland – Österreich – Schweiz. Nach Scheidegg haben wir Bayern hinter und Vorarlberg vor uns. In einer Höhe zwischen 800 m und 1000 m wandern wir auf dem Bergrücken des Pfänder und genießen die »hervorragenden Luftreinheitsverhältnisse und überdurchschnittliche Luftzirkulation«, die Scheidegg zum Kurort werden ließen.

Am Pfänder holen wir nicht nur deshalb tief Luft, sondern vor allem wegen seiner einzigartigen Aussicht: Der Bodensee glänzt hell zu uns herauf, östlich erkennen wir den Bregenzerwald, südlich die Berge des Rätikon, bei gutem Wetter soll man 240 Alpengipfel zählen können. Der Pfänder ist nicht nur der berühmteste Aussichtspunkt der Region, sondern er bietet auch Alpenwildpark, Adlerwarte, Pfänderbahn-Museum, eine kleine Kapelle und natürlich Gasthäuser. Der Fußweg nach Bregenz dauert zwar nur knappe zwei Stunden, aber die Versuchung ist groß, mit der Pfänderbahn in die Stadt zu »schweben«. Wir haben reichlich Zeit, uns zu entscheiden, da wir sowieso zuerst ausgiebig den Blick auf den Bodensee genießen und seine Schönheit auf uns wirken lassen wollen.

Der Bodensee

Der Rheintalgletscher schuf in jahrtausendelanger Arbeit diesen größten See des Alpenvorlandes. Die Römer nannten ihn »Lacus Brigantinus« nach »ihrer« Stadt Brigantium, also Bregenz, die Alemannen sagten Bodmansee dazu, nach dem Ort Bodman, der Name wurde 795 in Zusammenhang mit der dort bezeugten Kaiserpfalz auf den See übertragen. Daraus entwickelte sich der Name Bodensee, der 1438 erstmals in einer Urkunde in St. Gallen erwähnt wird. Mit 539 km^2 Fläche und einer Tiefe bis zu 250 m ist er das drittgrößte Gewässer Mitteleuropas und teilweise tiefer als die Ostsee. Seine 265 km Ufer teilen sich zwei deutsche Bundesländer, das österreichische Bundesland Vorarlberg und drei Schweizer Kantone.

Diese nüchternen Fakten sind es natürlich nicht, die den Bodensee so beliebt machen. Schon eher lässt das milde Klima den Wein gedeihen und Liebhaber von »Deutschlands

Blick vom Pfänder auf den Bodensee und nach Bregenz

Südsee« schwärmen. Rebhänge und sanfte Hügel umschmeicheln den See, dahinter leuchtet die Alpenkette als einmaliges Panorama.

Der Frühling zieht hier üppiger ein als anderswo, die Herbstsonne scheint länger und es weht ein milderes Lüftchen. Der See strahlt eine südliche Atmosphäre aus, bisweilen auch zarte Melancholie, vor allem, wenn herbstliche Nebel den See und die Landschaft in ihre Schleier hüllen.

Ich kannte und liebte den Bodensee schon als Mädchen, obwohl ich ihn erst als Erwachsene zum ersten Mal sah. Doch ich hatte das Buch »Der liebe Augustin« von Horst Wolfram Geißler gelesen und dessen schwärmerische Schilderungen der Bodenseegegend fraßen sich tief in den Grund einer romantischen kindlichen Seele:

»Der hübscheste Erdenfleck und der lächelndste Himmelsspiegel waren dort, wo ein halbes Dutzend Länder aneinander grenzten ... Mählich traten die Berge zurück und das Land wurde weit, fruchtbar und schwellend wie ein Paradiesgarten. Bunte Kühe lagen käuend im Grase, braune Weizenfelder sonnten sich auf sanften Hügeln, und von Mittag her begann ein Wind zu wehen, so lind und weich, wie ihn Augustin noch nie verspürt hatte. Der Seewind! ... O du gläserner, grünblauer, zehntausendjähriger See! Hier und da und dort wiegst du deine Wellen noch um die Reste der Pfahlbauten, schwarze Stockzähne der Urgroßmutter Erde.«

Augustin war der Schilderung nach ein echtes Kind der Barockzeit, dessen Zeitgeist und Lebensgefühl er widerspiegelte. Die Kirchen waren eben prunkvoller, die Farben der Kleider bunter und die Zeit geruhsamer.

Ein wenig Flair aus dieser Zeit hat sich die Gegend um den Bodensee bewahrt. Mag sein, dass auch das Klima besänftigend auf Geschichte, Kultur, Geist und Religion eingewirkt hat. Die Maibäume sind jedenfalls in dieser Region genauso hoch wie die Kirchtürme, und Wein wird schon seit der Römerzeit getrunken. Denn die Weinkultur hatten vor 2000 Jahren die Römer mitgebracht. Sie lieferten die Rebstöcke, die Bodensee-Landschaft trug das Klima und die Moränenböden bei. Während die bäuerlichen Alemannen noch Wasser und Met tranken, pflegten die Klöster den Weinanbau. In späteren Jahrhunderten wurden die Böden verfeinert; heute gibt es für jeden Geschmack den passenden Wein.

Brigantium/Bregenz, die Stadt auf dem Ölrain

Bregenz liegt am Ostende des Bodensees, auf einem in Terrassen zum See abfallenden Plateau. Die älteste Stadt am See hat eine reiche Vergangenheit. Die ersten Spuren gehen bis in die Bronzezeit um 1500 v. Chr. zurück. Zur Keltenzeit (ab ca. 400 v. Chr.) war Bregenz als Brigantion einer der größten befestigten Orte.

Strabon beschrieb Rätien noch vor der römischen Eroberung. Er berichtete erstmals von den am Ufer des Bodensees siedelnden Brigantiern und ihrem Hauptort Brigantion. 15 v. Chr. eroberten die Römer auch Vorarlberg. Sie gründeten auf der 30 m über dem See gelegenen Ölrainterrasse eine zunächst rein zivile Siedlung – mit Forum, Thermen und Tempelbezirken. Brigantium wuchs rasch zu einer bedeutenden Stadt heran und bekam das römische Stadtrecht. Um die Mitte des 2. Jahrhunderts hatte es etwa 10 000 Einwohner, die Gegend vom Ölrain war mit prachtvollen Steinhäusern bebaut. Aus dieser Zeit sind umfangreiche Reste, u.a. Mosaike und Fußbodenheizungen, erhalten.

Brigantium war auch ein wichtiger Verkehrsknotenpunkt zwischen dem Mutterland, Rätien und Gallien: Straßen führ-

St. Michaelskapelle, Bregenz: Pilgerzeichen aus dem Spätmittelalter

Der Martinsturm in Bregenz, einer der vier Befestigungstürme

ten über die Alpen nach Italien, nach Westen zur Augusta Raurica (Kaiseraugst), nach Süden über den Großen St. Bernhard nach Mittel- und Südgallien, nach Osten nach Augusta Vindelicium (Augsburg) oder über Abodiacum (Epfach) nach Iuvavum (Salzburg). Stammt aus dieser Zeit vielleicht der Ausdruck, dass »viele Wege nach Rom führen«?

Von den Alemannen wurde Brigantium im 3. Jahrhundert zerstört, aber durch die römisch-brigantinische Bevölkerung wieder aufgebaut. Die Alemannen besiedelten schließlich ab etwa 450 das Gebiet.

Die Glaubensboten Kolumban und Gallus fanden die reiche und schöne Siedlung am See verödet vor. Sie gründeten um das Jahr 610 in Bregenz – wahrscheinlich auf dem Areal des heutigen Gallusstifts – eine der ältesten klösterlichen Ansiedlungen auf deutschem Boden. Auf einer weiträumigen Terrasse rund um eine von ihnen vorgefundene Kapelle, vermutlich der hl. Aurelia geweiht, bauten sie ihre Zellen, legten einen Garten an und pflanzten Bäume. In dieser Zeit setzte wohl bereits auch die Tradition des Lesens an der Stätte der heutigen Landesbibliothek ein. Von Kolumban heißt es nämlich in der 25 Jahre nach seinem Tod verfassten Lebensbeschreibung: »Er saß in der Einsamkeit um Bregenz auf dem verfaulten Stamm einer Eiche und las in einem Buch.«

Martinskapelle, Bregenz: Das Wandbild aus dem 14. Jahrhundert zeigt die schwangere Maria, ein seltenes Motiv.

Die heutige Stadtpfarrkirche ist dem hl. Gallus geweiht, denn sie steht vermutlich an der Stelle der alten Aureliakapelle. Schon vor 1380 erfolgte eine Erweiterung des Schiffs auf die heutigen Maße, im 15. Jahrhundert die Gotisierung des Chors, die Errichtung der Michaelskapelle und des mächtigen Turms.

Das Innere der Kirche ist saalartig und weiträumig. Der Wessobrunner Abraham Bader ist für den zartfarbigen Stuck verantwortlich, der Fensterzone, Decke und Seitenschiffe reich mit Muschel- und Gitterwerk verziert. Der schönste Schmuck des Chorraums ist das 1746 vollendete Chorgestühl, dessen senkrechte Teile kunstvoll mit Intarsien eingelegt sind, die Rückwand schmücken Heilige des Benediktinerordens.

Unser Abschiedsspaziergang durch Bregenz führte uns nochmals zur Stadtpfarrkirche St. Gallus. Als der zufällig anwesende Pfarrer hörte, dass wir auf dem Jakobsweg unterwegs sind, schloss er für uns die alte Michaelskapelle auf und zeigte uns, was man kürzlich bei Restaurierungen an den Wänden gefunden hat: In roter Farbe gemalte Pilgerzeichen, z. B. Jakobsmuscheln, Narrenkappen sowie ein durchbohrtes »Ursula«-Herz. Sie stammen von durch Bregenz reisenden Pilgern, die sich auch mit ihrem Namen verewigten.

Wir lauschten den Ausführungen voller Interesse und mit großer Freude: Wie lange hatten wir nach historischen Spuren für unsere Wegführung gesucht, und nun, ausgerechnet am Endpunkt des Münchner Jakobsweges, stießen wir darauf!

Die nächsten klösterlichen Spuren, die auch Pilger angezogen haben könnten, stammen aus dem Jahr 1092: Die Anfänge der Benediktinerabtei Mehrerau gehen auf eine Einsiedelei im Bregenzerwald zurück. Die Mönche übersiedelten 1092 mit ihrem Abt nach Bregenz. Hier errichteten sie in der »Au am See« ihren Klosterbau, er wurde dem hl. Petrus geweiht. Deshalb wurde das Kloster auch »St. Peter in der Au« genannt oder kurz Kloster Bregenz. Vom 17. Jahrhundert an bekam das Kloster seinen heutigen Namen »Augia Maior«, die »Mehrerau«. Die Grafen von Bregenz fanden hier ihre letzte Ruhe. Nach über 700-jährigem Bestehen hob 1806 die damalige bayerische Zwischenregierung die Benediktinerabtei auf. Die Kirche und ihr Turm wurden abgebrochen und die Steine für den Bau des Lindauer Hafens verwendet. Erst 1854 konnte Mehrerau wieder als Kloster erstehen, Zisterziensermönche erwarben das leer stehende Kloster und es trägt seither den Namen Wettingen-Mehrerau. Die Kirche und das Kloster haben leider nichts mehr von ihrer einstigen barocken Schönheit, es handelt sich um relativ einfache Bauten aus dem 19. Jahrhundert.

Bregenz ist heute Landeshauptstadt von Vorarlberg und hat etwa 30 000 Einwohner. Was die Stadt über ihre Grenzen hinaus bekannt macht, ist die Kultur: Die Stadt bietet das

Vorarlberger Landesmuseum mit Fundstücken aus der Römerzeit, das Landestheater für Vorarlberg, das Kunsthaus Bregenz, die Bregenzer Festspiele und vieles mehr.

Vor allem für Pilger, die in Bregenz die Wanderung beenden und deshalb noch etwas Zeit haben, gibt es vieles zu besichtigen. Wenn man einen Sommerabend in der Stadt verbringen kann, sollte man es nicht versäumen, sich eine Freilichtaufführung auf der schwimmenden Seebühne anzusehen. Die Bregenzer Bucht wirkt wie eine Kulisse und die Landschaft macht jede Inszenierung zu einem Erlebnis. Nach Tagen in der Natur kann eine Oper gerade hier noch stärker auf Geist und Gemüt als sonst wirken.

Ein Rundgang durch die romantische Oberstadt von Bregenz ist ebenso lohnend wie ein Besuch beim Wahrzeichen der Stadt, dem weithin sichtbaren Martinsturm. Seine mächtige Turmzwiebel wird als die größte Mitteleuropas bezeichnet. Er steht an der Stadtmauer, war einst einer der vier Be-

Lindau: Der Hafen mit Leuchtturm und Löwenmonument von 1856

festigungstürme. In der Martinskapelle finden wir auf der linken Seitenwand das seltene Motiv der schwangeren Maria aus dem 14. Jahrhundert. Neben ihr der »müde« Joseph, ein Engel ermahnt ihn, Maria nicht zu verlassen, die abgehoben auf einem Architekturgebilde thront, welches sie wohl symbolhaft als »uneinnehmbaren« Turm darstellen soll.

Warum wohl in dieser Kapelle so gerne Hochzeit gefeiert wird?

Lindau, die Insel im Bodensee

Die Überlieferung erzählt, dass Graf Adalbert von Rätien eines Tages um das Jahr 800 auf dem Bodensee in Seenot geriet und in Todesangst ein Gelübde ablegte: Dort, wo er wieder festen Boden unter den Füßen spüren würde, wollte er ein Kloster stiften. Er hielt Wort und errichtete auf der heutigen Insel Lindau ein kleines Frauenkloster, das spätere Damenstift.

Bereits 839 war das Kloster mit den Privilegien für Immunität, Münz- und Marktrecht ausgestattet und nur dem König unterstellt. 882 verfasste ein St. Galler Mönch eine Urkunde, die den ältesten sicheren schriftlichen Beleg des Namens Lindau enthält. Der Name bedeutet »Insel, auf der Lindenbäume wachsen«. Daran erinnern bis heute die seit dem 13. Jahrhundert nachweisbaren Stadtwappen, die einen vollständigen Lindenbaum zeigen oder ein Lindenblatt symbolisieren.

Ursprünglich lag der Markt des Stifts auf dem Festland. 1079 verlegte das Kloster Lindau aus Sicherheitsgründen seinen Markt vom Festland auf die Insel. Damit war die Grundlage für die Stadtwerdung gegeben: Zwischen Stift und Fischerdorf entstand eine aufblühende Kaufmannssiedlung, die von der verkehrsgünstigen Lage an einer bedeutenden

Der Mangturm, das Wahrzeichen Lindaus, aus dem 13. Jahrhundert

transalpinen Verbindung ebenso profitierte wie von der Schifffahrt. Im 13. Jahrhundert wurde aus dem ehemaligen Fischerdorf eine Freie Reichsstadt. 1466 bekam die Äbtissin des Damenstifts die Würde einer weltlichen Reichsfürstin. In der Zeit des »Heiligen Römischen Reiches Deutscher Nation« waren Stift und Stadt unabhängig voneinander und hatten so manchen Streit.

Nach bewegten Jahrhunderten wurde die Stadt 1805 bayerisch. Heute ist die Insel über eine ca. 150 m lange Straßenbrücke und einen 550 m langen Eisenbahntunnel mit dem Festland verbunden. Den Hafeneingang bewacht ein 6 m hoher bayerischer Löwe.

Eine Inselstadt ist immer etwas Besonderes. Lindau wirkt ausgesprochen malerisch und friedlich, »schimmernde Perle im Bodensee« und sogar »Schwäbisch Venedig« wird die Stadt genannt. Am Ufer reiht sich Hotel an Hotel und vom Straßencafé aus kann man See-Panorama und Pfändermassiv bewundern. Auch Straßenmaler und Musikanten fühlen sich hier wohl.

Beim Flanieren vom Mangturm am Hafen über den Reichsplatz und die Gassen der Altstadt zum Marktplatz, an dem Stift und Stadtpfarrkirche nahe beieinander liegen, kann man das südliche Flair der Stadt genießen.

Das Gipfelkreuz des Pfänder, 1064 m

Am Marktplatz hat ja die Geschichte Lindaus begonnen und lange war das Stift Inselherrin und Königskloster. Die Augustinerregeln schrieben den Nonnen weder Armut noch lebenslanges Zölibat vor. Im Laufe der Zeit entwickelte sich aus dem Kloster ein freiweltliches Damenstift, die Frauen, aus dem Adel stammend, waren nur dem Chorgebet verpflichtet, die meisten haben irgendwann geheiratet. Schon die heitere Ausstattung der Stiftskirche lässt ahnen, dass das Stiftsleben vor allem in der Barockzeit sehr angenehm war.

Ein Beispiel dafür war die Fürstäbtissin Friederike von Bretzenheim, eine Tochter des Kurfürsten Karl Theodor von Bayern (1724–1799), die Horst Wolfram Geißler in seinem Roman so treffend beschrieb und die seinem »lieben Augustin« Herz und Verstand raubte. Wie gut, dass Napoleon auch Bayern ein Stück Bodensee zukommen ließ, nur 18 km lang, aber wunderschön.

Wir verabschieden uns vom Bodensee, um entweder die Heimreise anzutreten oder auf dem Schweizer Jakobsweg weiter in Richtung Santiago zu pilgern, während ein paar schwärmerische Gedichtzeilen von Annette von Droste-Hülshoff in uns nachklingen:

Mir ist er gar ein trauter Freund,
Der mit mir lächelt, mit mir weint,
Ist, wenn er grünlich-golden ruht,
Mir eine sanfte Zauberfluth …

Wegbeschreibung: Zehnter Wandertag

Unsere Muschelmarkierung folgt der »Alten Salzstraße« in **Simmerberg**, die zwangsläufig viel Gesprächsstoff bietet. Wir versuchen, uns die alten Römer vorzustellen, die hier unterwegs waren, oder später die Saumrosse und Fuhrwerke, die das Salz transportierten. Unsere Phantasie gaukelt uns auch Bilder von mittelalterlichen Pilgern vor, die nach Rom oder Santiago wanderten. Was sie bei sich trugen und wie sie ausgerüstet waren, ist uns ja aus alten Schilderungen bekannt. Was sie gedacht oder gefühlt haben, wissen wir natürlich nicht so genau, aber so unähnlich den Gedanken von heutigen Pilgern unterwegs werden sie nicht gewesen sein. Auch sie mussten überlegen, wo sie etwas zu essen bekommen und die nächste Nacht verbringen, sie waren ebenso wie wir von Hitze und Kälte, Wind und Wetter abhängig, nur etwas rauer und gefährlicher für Leib und Leben wird es wohl zugegangen sein. Dadurch, dass wir die gleichen Wege gehen wie sie, fühlen wir uns mit ihnen tiefer verbunden, verstehen sie und uns besser, denn wir tragen ja auch die Spuren unserer Vergangenheit in uns.

Trotz des interessanten Gesprächsstoffes sollten wir es nicht versäumen, hinter dem Gasthof Krone nach links in die Rieder Straße einzubiegen in Richtung Hausbachklamm. Wir folgen ihr bis zur Deutschen Alpenstraße, überqueren diese und gelangen abwärts über Hasenried und die Kapfmühle nach **Weiler**. Durch die Hauptstraße, in der sich das Westallgäuer Heimatmuseum befindet, und die Bregenzerstraße verlassen wir Weiler und kommen nach **Bremenried**. Dort zweigt der Weg nach Scheidegg rechts ab, den Berg hinauf in Richtung Böserscheidegg. Nach etwa einem halben Kilometer folgen wir links dem Weg nach Altenburg. Hier kann man die Vergänglichkeit der Zeit gut nachvollziehen, die alte Burg besteht nur noch aus ein paar kleinen Steinmauern und einer großen

Gedenktafel, die dicken Wurzeln großer Kiefern haben alles fest in ihrem Griff, zwischen den alten Steinen wachsen bereits hohe Bäume. In einigen Jahren wird von der Burg gar nichts mehr zu sehen sein.

Im Dorf **Altenburg** folgt unser Weg, der teilweise auf dem Kneipp-Rundwanderweg verläuft, ein wenig verspielt dem Sträßchen Richtung Bux und Böserscheidegg. Vorbei an der Katharina- und Antoniuskapelle in Richtung Schalkenried kommen wir nach **Scheidegg**, verlassen die Hauptstraße nach links aufwärts zur St. Galluskapelle. Das Altarbild zeigt den »sagenhaften« Abschied der beiden Mönche St. Gallus und St. Magnus, der Scheidegg seinen Namen gegeben haben soll. Oberhalb der Kapelle wandern wir auf dem Höhenweg zum Scheidegger Kurhaus. Der Kurort bietet mit einem kleinen und einem großen ökumenischen Kapellenweg und dem Kneipp-Rundwanderweg »Wege für Leib und Seele« an, wir nutzen die Gelegenheit, wenigstens einige der wunderschön gelegenen 13 Kapellen anzuschauen. Über Ebenschwang mit der Herz-Jesu-Kapelle zur Abzweigung Oberstein und weiter über die Ulrichskapelle erreichen wir **Möggers**.

Unbemerkt haben wir die Grenze überschritten und freuen uns, mit Österreich das zweite Land unseres europäischen Pilgerweges zu erreichen. Langsam zieht sich der Weg zur Trögerhöhe hoch, wo wir einen Blick in die Rochuskapelle werfen, bevor wir nach **Trögen** kommen. Hier erreichen wir den Höhenrücken und freuen uns an der Genusstour zum Pfänder.

Er ist zwar nur 1064 m hoch, hat aber eine einzigartige Aussicht auf den Bodensee und, so wird behauptet, auf 240 Alpengipfel. Wenn wir Glück haben und einen klaren Tag, reicht unsere Sicht von den Allgäuer und den Lechtaler Alpen im Osten über den Bregenzerwald, die steilen Gipfel des Arlberggebietes und der Silvretta, weiter über den Rätikon bis zu den Schweizer Bergen und den Ausläufern des Schwarzwaldes im Westen. Zu unseren Füßen liegt der Bodensee, eingerahmt vom Rheintal und dem oberschwäbischen Hügelland.

Wir schauen hinunter auf Lindau, deren Altstadt malerisch auf einer Insel im »Schwäbischen Meer« liegt und die bayerische Bodensee-Seite verkörpert. Direkt unter uns zieht sich Bregenz in weitem Bogen am Ufer entlang, die letzte Station unseres Münchner Jakobsweges vertritt die österreichische

Seite, auf der gegenüberliegenden Südseite des Bodensees liegt Rorschach, die erste Station des Schweizer Jakobswegs.

Hier müssen wir uns entscheiden: entweder auf gepflegten Wanderwegen hinunter nach Bregenz zu schlendern, oder die Seilbahn zu nehmen, die täglich von 9 bis 19 Uhr zur vollen und zur halben Stunde hinunter nach Bregenz schwebt.

Alternativroute nach Lindau: Pilger, die ihre Wanderung lieber in der Inselstadt Lindau auf bayerischem Boden beenden oder von hier aus in die Schweiz weiterwandern möchten, zweigen in Weiler ab, um über Lindenberg nach Lindau zu wandern. Dieser Weg geht auf eine Initiative der Augsburger Jakobsgesellschaft in Zusammenhang mit der Freigabe des bayerisch-schwäbischen Jakobsweges zurück.

In **Weiler** zweigt der Weg nach rechts ab und führt, links an Rappenmanklitz vorbei, nach Lindenberg. In **Lindenberg** stoßen wir auf die Aureliuskirche am Friedhof. Von dort aus führt uns der Weg zur Stadtpfarrkirche, deren beide Türme wir bereits sehen. An der Chorseite der Stadtpfarrkirche gehen wir Richtung Westen in das Erholungsgebiet Waldsee. Der wunderbare Wald- und Wiesenweg bringt uns in 20 Minuten nach **Allmannsried**. Am Ende des Dorfes gehen wir rechts zum Wald und bleiben auf dem Wanderweg Nr. 1 in Richtung Feriendorf Lötz. Erstmals erblicken wir die Wasserfläche des Bodensees. Von der Schweizer Seite grüßen die Berge Säntis und links davon der Altmann herüber. Gleich darauf sind wir im Weiler **Lötz** und wenden uns hier nach rechts zur bereits sichtbaren frei stehenden Wendelinskapelle. Kurz hinter der Kapelle kommen wir zum Weiler Kinberg. Hier wenden wir uns nach rechts dem Wald zu. Im Wald gehen wir nach 80 m einen steilen Fußweg nach links bergab, der mit Treppen befestigt ist. Wir stoßen auf einen breiten Waldweg und verfolgen ihn nach links. Nach 400 m erreichen wir eine Weggabelung. Hier ge-

Die Galluskapelle in Scheidegg, am »Kleinen Kapellenweg«

hen wir rechts an einer Wiese entlang. Steil bergab erreichen wir den Weiler **Adelberg**. Auf der geteerten Straße überqueren wir die Ortsverbindungsstraße und erreichen über die Adelberger Straße das Dorf **Niederstaufen**. Der Ortsstraße folgen wir nach links. Nach 150 m biegen wir nach rechts auf einen Feldweg ab, der uns zu dem Flüsschen Leiblach führt. Wir stoßen hier auf den Leiblachwanderweg, der als »Leiblach-Uferweg« ausgeschildert ist. Wir folgen ihm flussabwärts. Auf einer schmalen Stahlbrücke überqueren wir das Flüsschen; auf der anderen Uferseite führt uns ein geteerter Weg 400 m bergauf, dann zweigen wir im Waldstück nach links ab. Auf einem romantischen Wald- und Wiesenweg führt uns der Leiblachwanderweg nach Süden. Nach weiteren 700 m leitet uns ein schmaler Pfad wieder an den Fluss. Hier führt uns eine Brücke über einen Bach an seiner Einmündung in die Leiblach. Jetzt stoßen wir auf einen breiteren Waldweg, auf dem wir dem Flusslauf folgen. Wir überqueren nun die B 308 und folgen ihr etwa 700 m parallel auf einem geteerten Weg östlich der B 308. Etwa 50 m nach der Zufahrt zu den Häusern von Dornach wenden wir uns nach links, wo eine Wandermarkierung auf einen schmalen Wiesenweg des Leiblachwanderweges führt, der uns durch einen Tobel mit etlichen Treppen und einer Brücke nach **Sigmarszell** leitet. Wir kommen direkt zur Kirche. Von hier aus wenden wir uns nach rechts und verfolgen die Straße nach Biesings. Vor der Auffahrt auf die B 308 wenden wir uns nach links und gehen 300 m auf dem Feldweg an der Straße entlang, bis uns eine Unterführung durchlässt und wir nach **Schlachters** kommen. Wir gehen die Hauptstraße entlang, vorbei am Rathaus, zweigen kurz vor der Apotheke nach links in die Weiherstraße ab. Diese führt uns in den Wald, am Sportplatz und am Schlachterner Weiher vorbei. Auf einer Brücke überqueren wir die A 96 und wenden uns danach sofort nach rechts auf einen Waldweg. Dieser führt uns in einem Linksbogen in die Nähe der Bahngleise. Hier zweigen wir nach links ab und wandern etwas bergauf zur Weißensberger Halde. Dieser kleine Aufstieg wird mit einem wunderbaren Ausblick auf den Bodensee und in die Alpen belohnt. An der frei stehenden Kapelle hilft uns eine Panoramatafel, Höhe und Namen der sichtbaren Berge zu finden. Von der Halde steigen wir ab.

Bergab kommen wir auf einen schmalen geteerten Fußweg, den wir nach links verfolgen. Er mündet in die Verbindungsstraße, die wir nach rechts bergab gehen. Bei der nächsten Einmündung gehen wir nach links unter der B 308 hindurch und wenden uns bei der Straßengabelung nach rechts in Richtung Streitelsfingen. Von dieser Straße biegen wir am Waldrand nach 500 m rechts ab und verfolgen diesen Pfad nach **Streitelsfingen**. Beim Ortsausgang werden wir von einer herrlichen Aussicht über den Bodensee nach Österreich und die Schweiz überrascht und folgen bei der Ortstafel **Lindau** einem bergabwärts führenden Gehweg nach rechts. Jetzt begleitet uns auch die Markierung für den Bodensee-Rundwanderweg. Wieder auf der Straße, gehen wir bei der nächsten Straßengabelung links, durch Obstplantagen hindurch stoßen wir auf den Oberreutinerweg, dem wir nach links folgen. Nach 100 m biegen wir rechts in den Friedhofweg ein, an der Kirche St. Verena vorbei

Die Wendelinskapelle in Kinberg

stoßen wir auf die Köchlinstraße, die wir nach rechts verfolgen bis zu ihrem Anfang. Hier überqueren wir die Kemptener Straße, nehmen den Bleicheweg, der uns am Lindauer Bauhof vorbei zur Ampelanlage führt. Wir folgen hier der Bregenzer Straße über das Bahngleis und kommen über die Seebrücke auf die Insel. Geradeaus, am Rest der mittelalterlichen Stadtmauer links vorbei, gehen wir den beiden Kirchen, dem katholischen Münster »Maria Himmelfahrt« und der evangelischen Kirche St. Stephan entgegen. Am Münster finden wir auf der Außenfassade eine Tafel, die uns den Pilgerweg durch Bayerisch Schwaben zeigt. Vom Hafen aus bringt uns ein Schiff nach Rorschach in der Schweiz, wo die Markierung weitergeht.

Weglänge: über Pfänder nach Bregenz ca. 24 km; über Lindenberg nach Lindau ca. 30 km
Topografische Karte: Bayerisches Landesvermessungsamt 1:50 000, Blatt: Lindau, Oberstaufen und Umgebung
Übernachtungsmöglichkeiten: Bremenried, Forstenhäuser, Scheidegg, Ebenschwand, Oberstein, Möggers am Pfänder, Bregenz, Rorschach/Lindenberg, Allmannsried, Feriendorf (Kinberg), Lindau

Anschluss an die Schweizer Jakobswege

Von Bregenz nach Einsiedeln

Von Bregenz aus gibt es mehrere Möglichkeiten, in einen der Jakobswege einzumünden, die durch die Schweiz führen:

Der natürliche Anschluss an den Münchner Jakobsweg führt nach *Rorschach*, entweder als Abwechslung zum Wandern mit dem Schiff oder aber wie gewohnt zu Fuß. In der Nähe des Rorschacher Hafens stoßen wir am Kronenplatz auf den hübschen »Jakobsbrunnen«, von dem aus die Jakobsweg-Schilder der Schweiz etwas verwinkelt aus der Stadt hinausleiten.

Die nächste Station ist *St. Gallen*, das uns wegen seines Klosters, das schon 720 auf dem Grab des hl. Gallus errichtet wurde, wohl bekannt ist. Von dieser Abtei aus wurde vor allem das Westallgäu missioniert. Auf dem Münchner Jakobsweg stießen wir bereits auf einige Klöster, die von St. Gallen aus gegründet wurden. Auch Kempten war zunächst nur ein Missionsstützpunkt der St. Gallener Mönche Theodor und Magnus.

Weiter führt der Jakobsweg, hier »Appenzellerweg«, nach *Herisau* und durch die Hügellandschaft des Appenzellerlands nach *Wattwil* und *Schmerikon*. Auch Jakob begegnet uns unterwegs mehrmals, wie in der St. Ursulakapelle in Rüterswil und der Jakobskapelle in Neuhaus. Hinter *Lachen* wandern wir auf alten Pilgerwegen über den Etzelpass, freuen uns auf der Passhöhe an der eindrucksvollen Panoramasicht, bevor wir über die historische Teufelsbrücke die Sihl überqueren und auf dem Horgenberg an der Mariensäule den ersten Blick auf das Kloster *Einsiedeln* werfen.

Alternativ dazu können wir auch mit dem Schiff nach *Konstanz* fahren, der Jakobsweg von Konstanz bis Rapperswil wird auch »Schwabenweg« genannt. Im Mittelalter war Konstanz der Sammelpunkt vieler Wallfahrer aus dem Schwabenland, die nach Rom, Santiago oder Jerusalem aufbrachen. Der Schwabenweg führt durch den Thurgau nach *Rapperswil* und vereinigt sich da – oder auf dem Etzelpass – wieder mit dem von Rorschach kommenden Appenzellerweg nach Einsiedeln.

Auch von *Einsiedeln* zum Genfer See gibt es mehrere Wege und davon wieder mehrere Varianten: Über den Vierwaldstätter See, Flüeli Ranft, wo der Schweizer Nationalheilige Bruder Klaus lebte, zum Thunersee, mit dem Ausblick in die Jungfrauregion, den Beatushöhlen und weiter über Interlaken und Freiburg zum Genfer See. Oder aber nach Luzern am Vierwaldstätter See und über Bern nach Freiburg und Lausanne am *Genfer See*.

Wir hoffen, dass alle Pilger ebenso begeistert wie wir ihren weiteren Jakobsweg wählen und ihn mit ebenso viel Freude gehen wie offenbar auch die mittelalterlichen Pilger. Einer davon, Hermann Künig von Vach, begann in seinem Pilgerführer von 1495 den Weg in die Schweiz mit folgender Empfehlung:

Darum sollst du fröhlich damit beginnen
und sollst zuerst nach Eynsideln gehen.
Dort findest du überreichlich römischen Ablass.
Da kommst du dann auf die Oberstrass,
an der du viele heilige Stätten finden wirst.

In diesem Sinne viel Spaß auf dem Weiterweg und – Ultreya!

El Camino – der Jakobsweg

Europa auf dem Weg verstehen:
Geschichte, Landschaft, Kunst, Kultur,
Mit gleich gesinnten Menschen gehen
Ist träumen, lachen, Freude pur.

Was erwartet Pilger auf dem Weiterweg nach Santiago?

Alle, die sich vorgenommen haben, den Jakobsweg in seiner ganzen Länge zu gehen, werden schnell erkennen, dass der Münchner Jakobsweg nur ein Anfang ist, wenn auch ein schöner. Beim Jakobsweg handelt es sich nicht einfach um irgendeinen Weg, den Pilgern steht ein ganz besonderes Erlebnis bevor. Für die mittelalterlichen Pilger führte er bis an das Ende der damals bekannten Welt und wurde jährlich von Hunderttausenden begangen. Heute kommen jedes Jahr wieder Zehntausende beim Apostel an, für Christen ist der Santiago-Weg die Pilgerstraße schlechthin. Ihn zu gehen, bedeutet eine Herausforderung für Körper und Geist. Die Pilger lernen die unterschiedlichsten Landschaften kennen, ihre Sinne werden verwöhnt mit der Schönheit und dem Duft der Natur. Außerdem erfahren sie unterwegs vieles über die Geschichte und Kultur unseres Abendlandes und lernen nicht zuletzt auch sich selbst besser kennen. Zuerst und am leichtesten erschließt sich

die landschaftliche Vielfalt Europas.

Zunächst in der Schweiz, diesem wunderschönen Heidi-Land mit seinen glasklaren Bergseen, in denen sich schneebedeckte Gipfel und Gletscher spiegeln, bis zur südlicheren Gegend am Genfersee, wo auf den malerischen Rebhängen ein guter Wein gedeiht.

In Frankreich beeindruckt zuerst die abwechslungsreiche alte Vulkanlandschaft des Massif Central, in der im Frühjahr

Eine alte Burg an der Via podiensis, zwischen Miradoux und Castet Arrouy in Frankreich

Osterglocken und Wildnarzissen zu Tausenden in den Wiesen blühen, fast so häufig wie bei uns Löwenzahn. Es folgen die Kulturlandschaften der Gascogne mit dem Armagnac und der Gänseleberpastete sowie die stillen und menschenarmen Landschaften Südfrankreichs, in denen man zum ersten Mal auf sich selbst zurückgeworfen wird.

Schließlich die Pyrenäen, die gottlob nicht an ihren höchsten Stellen überquert werden müssen. Dahinter die hügelige, teilweise bergige nordspanische Landschaft, die deutsche Pilger immer wieder überrascht, weil sie sich Spanien heiß und flach vorstellen. Flach ist es in dieser Region kaum ein paar Kilometer lang. Warm, ja heiß kann es schon sein, aber ebenso häufig ist es auch kalt und regnerisch. In Galicien, dessen erster Ort Cebreiro nach einem letzten steilen Aufstieg erreicht wird, sind die Spuren der keltischen Vorfahren am deutlichsten: historische Bauernhäuser mit runden Mauern und schweren Kegeldächern aus Stroh, aus Backstein gemauerte Getreidespeicher, Steinplatten, die Gärten und

Felder abgrenzen. Subtropisch grün wirkt die Landschaft mit ihren vielen alten Eichen, Kastanien- und Eukalyptusbäumen. Nicht nur durch die häufig auftretenden Nebel, die alles in ein diffuses Licht hüllen, ist Galicien ein geheimnisvolles altes Keltenland, das den idealen Nährboden für Mythen, Aberglauben, Märchen und Legenden bietet. Neben den landschaftlichen Schönheiten erwartet uns die

Kunst und Kultur eines tausendjährigen Pilgerweges.

Seit seinem Bestehen wird der Jakobsweg in ununterbrochener Kette von Pilgern begangen. Nach der Reformation ging zwar die Anzahl der jährlichen Pilger stark zurück, doch der Menschenstrom versiegte niemals ganz. Das ist einer der wesentlichen Unterschiede im Vergleich zu anderen Weitwanderwegen.

Der zweite Unterschied liegt in seiner Aktualität: Wenn wir heute irgendwo ein altes Schloss, eine Kirche oder ein

Die St. Martinskirche in Fromista, Spanien

Kloster besichtigen wollen, nehmen wir einen Führer zur Hand, der uns auch die dazugehörige Geschichte der damaligen Zeit erläutert, z.B. wann und von wem eine Burg erbaut wurde, wer darin gelebt hat und was sie von ihrer Entstehung bis heute an Geschichte, Kriegen und Revolutionen alles »erlebt« hat. Damit wird das historische Umfeld vermittelt und dem Besucher das Verständnis für die jeweilige Zeit näher gebracht.

Bei der Kultur auf dem Jakobsweg ist das ein wenig anders: Für die Pilger ist der Jakobsweg, der vom Barock und Rokoko in Bayern und der Schweiz zur Gotik und Romanik in Frankreich und in Spanien zurückführt, nicht abstrakte Vergangenheit, sondern von damals bis in die heutige Zeit reichendes und gelebtes Kulturgut. Das ist vor allem in den vielen romanischen Kirchen und Klöstern Spaniens spürbar. Auch die Brücken, wie z.B. in Puente del Orbigo, wurden eigens für die Pilger gebaut und werden auch heute noch von ihnen genutzt. Orte, wie Estella in Spanien oder das alte Wehrkloster auf der französischen Passhöhe der Aubrac, vom Ritterorden der Templer zum Schutz der Pilger gegründet, entstanden durch und für die Pilger. Deshalb haben auch die Pilger unserer Zeit noch einen ganz natürlichen Zugang zu dieser Kultur und sie erschließt sich ihnen fast von selbst. Die Pilger können sich damit identifizieren, beim Wandern und dem einfachen Leben unterwegs unmittelbaren Bezug zu den mittelalterlichen Pilgern herstellen, sich mit ihnen verbunden fühlen, selbst spüren, dass die Pilgerkette auf diesem Weg seit 1000 Jahren nicht abgerissen ist. Er verbindet vor allem Menschen aus allen europäischen Ländern, denn der Jakobsweg ist gleichzeitig mit dem christlichen Abendland entstanden und hat – wie kein anderer – die Kultur der verschiedenen europäischen Länder aufgenommen und weitergegeben. Vielleicht erlebt man deshalb auf ihm so viel

Darstellung mittelalterlicher Pilger und ihrer Betreuung in der Kirche von Aubrac, Frankreich

Freunde und Menschlichkeit.

Auch wir dachten unterwegs oft darüber nach, warum uns gerade dieser Weg so faszinierte, was ihn denn eigentlich von anderen Weitwanderwegen unterscheidet. Wir kamen zu dem Schluss, dass es – neben der Kultur – besonders an den Menschen liegt.

Pilger, die sich auf diesen langen Weg machen, haben vielfach die gleiche Wellenlänge, es ist überraschend, wie vertraut man schon nach kurzer Zeit miteinander ist und Freunde zum Zuhören und zum Reden über Gott und die Welt findet.

Noch mehr überrascht hat uns die Herzlichkeit, mit der sich die Menschen, die am Pilgerweg wohnen, um uns kümmerten. Seit 1000 Jahren beschützen sie die Fußpilger, versorgen sie neben Rat und Tat mit Wasser und Essen und geben ihnen ein Gefühl der Geborgenheit. Zu keiner Zeit fühlten wir uns auf dem Pilgerweg fremd oder bedroht. Solange uns in gleichmäßigen Abständen die Muschel-Wegweiser begleiteten, fühlten wir uns sicher und vertraut und verglichen dies mit unserem Wohnzimmer zu Hause. Nur wenn wir eine Zeit lang kein Wegzeichen mehr sahen, wurden wir unruhig und unsicher.

Als wir uns in Spanien hinter dem Kloster Irache verlaufen hatten, fragten wir einen Bauern nach dem Weg. Er ließ alles stehen und liegen und führte uns etwa 2 km auf den Jakobsweg zurück. Er musste dann wieder die Strecke zurücklaufen, hat also eine ganze Stunde Zeit für uns geopfert.

Oder die ältere Bäuerin, die gerade im Garten arbeitete. Sofort unterbrach sie ihre Arbeit, bot uns Paprika und Kartoffeln an und lud uns zum Essen ins Haus ein. Nicht einmal unsere schlechten Kenntnisse der spanischen Sprache waren ein Hindernis. Ob es bei uns in Deutschland heute noch solch eine Gastfreundschäft gäbe?

»Auszeit« auf dem Camino

Ein Pilger wird unterwegs vieles an gewohntem »Komfort« vermissen, denn er kann ja nur so viel mitnehmen, wie in einen Rucksack passt. Das ist neben den notwendigen Dingen wie Apotheke oder Regenschutz nur ein Minimum an Kleidung. In der Regel hat er in den Herbergen kein sehr bequemes Bett und meist nur recht primitive Waschräume oder Duschen.

Dafür aber genießt er etwas, woran heute allgemein chronischer Mangel herrscht, nämlich Menschlichkeit, und die dafür im Überfluss. Er trifft viele gleich gesinnte Pilgerfreunde, die sich umeinander kümmern, und nicht selten gewinnt er einen Freund fürs Leben.

Pilgerrast unter riesigen Eukalyptusbäumen in Galicien

Pilger können in den Wochen und Monaten, in denen sie auf dem Camino unterwegs sind, ahnen, wie schön das Leben sein könnte, wenn es die Menschen schaffen würden, so wie auf dem Jakobsweg in Harmonie und Frieden miteinander zu leben.

Jeder Pilger kann darüber hinaus auch zu

Selbsterkenntnis und Selbstfindung

gelangen. Für Pilger, die sich in einer Umbruchsituation befinden, sich neu orientieren wollen oder gezwungenermaßen ihr Leben ändern müssen, ist der Jakobsweg ideal, er bietet, je nach spezieller Neigung des einzelnen Menschen, viele unterschiedliche Möglichkeiten, zu sich selbst zu finden. Ein Pilger kann sich regelrecht den Kopf »freilaufen«, wenn er täglich viele Stunden unterwegs ist; beim Wandern auf einsamen und eintönigen Strecken denkt er, auf sich selbst zurückgeworfen, über sich und sein Leben nach. Er kann sich mit Pilgerfreunden austauschen, die ähnliche Situationen kennen. Wer wochen- und monatelang unterwegs ist, den vertrauten Lebensraum verlässt, mit fremden Sprachen zurechtkommen muss, wird zwangsläufig Situationen erleben, in denen er von fremden Menschen abhängig ist. Er wird erkennen, wie er mit ungewohnten Situationen fertig wird, wie es ist, auf die Hilfe anderer angewiesen zu sein, und ob das Bild, das er von sich selber hat, der Realität entspricht.

Von einem Journalisten wurden wir einmal gefragt, über was man denn nachdenkt, wenn man so lange Zeit unterwegs ist, und ob einem nicht die Gesprächsthemen ausgehen. Wir reagierten zunächst verblüfft, weil wir diese Situation auf dem Weg nie erlebt hatten. Sehr wohl hatten wir über vieles laut oder leise nachgedacht. Nur einige Gedanken dazu:

Wenn wir den Weg in seiner ganzen Länge gehen, und wenn wir ihn in der Geschwindigkeit des Menschen gehen, also zu Fuß, können Körper und Geist eine Einheit bilden und sich ergänzen (die Augen sehen etwas, die Ohren nehmen das Geräusch dazu wahr, die Nase den Geruch, der Körper sendet Signale an den Kopf, die in Ruhe verarbeitet und interpretiert werden), und wir werden vielleicht erkennen, dass es auf jeden Einzelnen von uns ankommt: was jeder denkt und was er tut, wie er mit seinen Mitmenschen umgeht, ob er sich einer sinnvollen Ordnung für alle unterwirft zugunsten aller – oder ob er seinem Egoismus frönt und in Kauf nimmt, dass dieser Egoismus aller Menschen auch alle vernichten kann.

Dazu bedarf es des Nachdenkens, was aber unsere Medienwelt, der wir uns nur allzu gerne unterworfen haben, verhindert. Sie »unterhält« uns, überflutet uns mit ständigen Reizen und überfordert uns damit insoweit, dass wir zu viel verdrängen und wirkliches Nachdenken vielen Menschen zu Hause im Alltag nicht mehr gelingt.

Wir wissen, dass unser Gehirn noch die Überlebensmechanismen von Steinzeitmenschen in sich birgt. Der Mensch ist deshalb egoistisch, weil er überleben will. Die Mechanismen zum Überleben haben sich aber verändert, vom puren Kampf um Nahrung und damit »Art gegen Art« hin zu der Erkenntnis, dass die Nahrung heute bei vernünftiger Nutzung für alle ausreicht und die Erde für alle da sein kann. Und die es deshalb zu schützen gilt samt den Wesen, die sich darauf befinden.

Der Versuch, eine Ordnung für alle zu schaffen, wurde in der Geschichte bereits mehrfach unternommen, ist aber immer wieder gescheitert. Vermutlich deshalb, weil sie den Menschen »übergestülpt« wurde, es sich

Ein typisches Pilgerkreuz auf dem Jakobsweg in Frankreich

also um eine totalitär geschaffene Ordnung handelte. Wir haben uns gefragt, ob es wohl für alle Menschen möglich wäre, freiwillig eine Ordnung anzuerkennen, wenn sich herausstellt, dass diese Ordnung auch allen dient.

Schließlich haben wir uns lächelnd daran erinnert, dass schon die alten griechischen Philosophen über all diese Dinge nachgedacht haben.

Auch uns war die Zeit auf dem Jakobsweg leider zu kurz, um eine schlüssige Antwort zu finden …

Auf welche Art pilgert man am besten nach Santiago de Compostela?

Immer wieder werden wir gefragt, welche Art der Pilgerfahrt wohl die beste oder angenehmste ist. Darauf gibt es keine eindeutige Antwort, denn das hängt von den Interessen und Erwartungen jedes Einzelnen ab. Als Resümee aus den eigenen Erfahrungen kann man Folgendes empfehlen:

Kunstgeschichtlich Interessierte, die sich vor allem ausgiebig mit den romanischen Kirchen, Klöstern und Kreuzgängen beschäftigen wollen, können sehr gut auch mit dem Auto und Bus fahren. Dadurch bleibt viel Zeit, sich die alten Kirchen gründlich anzusehen und auch die in abgeschiedener Einsamkeit liegenden Klöster zu besuchen, die nicht direkt am Jakobsweg liegen.

Landschaftsfans und Menschen mit kulturgeschichtlichen Interessen für die durchwanderten Regionen Europas eröffnen sich auch mit dem Fahrrad vielfältige Möglichkeiten, und Santiago kann in schnellerer Zeit erreicht werden.

Die ganze Palette des Jakobsweges aber erschließt sich in der Regel nur dem Fußpilger. Geschichtsbewusste Menschen, die sich gedanklich in den Pilgerstrom einreihen möchten,

Am Stein von Gibraltar treffen drei französische Pilgerwege zusammen.

die in einer romanischen Kirche wirklich ankommen und deren Atmosphäre auf sich wirken lassen wollen, können dies am besten nachempfinden, wenn sie nach stundenlanger Wanderung als müde Pilger ankommen. Werden sie dazu noch in eine Klostergemeinschaft integriert, wo Gebete und Gesang, Gespräche und Essen mit den Pilgern geteilt werden, gehen sie unendlich bereichert wieder auf den Weg. Eine Kirche, ein Kloster wird völlig anders empfunden, wenn man zu Fuß ankommt, als wenn man aus dem Auto aussteigt. Auch Menschen, auf der Suche nach dem Sinn des Lebens, mit religiösen oder spirituellen Fragen, gehen am besten zu Fuß.

Wir machten auf dem Jakobsweg die Erfahrung, dass wir uns mit einer einfacheren, sinnvollen Lebensweise, bei der wir Zeit für uns selbst haben, sehr wohl fühlen und viel weniger brauchen, als wir angenommen hatten. Der Jakobsweg kann so zu einem wichtigen Weg werden, um Erkenntnisse für das eigene Leben und erstrebenswerte Lebensziele zu gewinnen.

Allen daran Interessierten kann man nur empfehlen, die Herausforderung dieses »Abenteuers des Herzens« anzunehmen, um an seinem Ende bei sich selbst »anzukommen«.

Unsere Füße wandern zum Heiligen Jakobus
immer weiter nach Westen
jeden Tag ein kleines Stück
durch blühende Löwenzahnwiesen
über steinige Bergpässe
auf gefährlichen Autostraßen
über den Staub der Meseta.

*

Die Augen erfreuen sich an roten Mohnblumen und blauer Wegwarte
am weiten Horizont
und am blauen Himmel
am Regenbogen nach dem Gewitter
an barocken, gotischen und romanischen Kirchen,

*

während der Kopf frei wird und der Geist nach innen wandert
zu uns selbst, in unsere Seele
um dort lange vergessene Wegweiser
und neu aufgenommene Spuren zu entdecken.

*

Wir finden unsere Mitte wieder
wissen um unsere ureigensten Ziele
ruhen wieder in uns selbst
schöpfen neue Kraft
das Leben ist wieder einfach und lebenswert.

*

Ultreya, Santiago.

Der gütige »Begrüßungsjakob« am Pórtico de la Gloria (von Meister Mateo, datiert 1188), in der Kathedrale von Santiago de Compostela

Literaturnachweis (Auswahl)

Bauer, Richard: Geschichte Münchens. München 2003
Beck, Otto: Weitnau, Pfarrkirche St. Pelagius. Lindenberg
Blum, Jllanda: Jakobswege durch die Schweiz. Thun 1998
Buck, Christian: Gründungs-Legenden. Weilheim 1988
Dewiel, Lydia L.: Das Allgäu. Köln 2003
Dollinger, Hans: Bayern. Gütersloh 1979
Domke, Helmut: Aquitanien. München 1993
Dumler, Helmut: Fernwanderwege Voralpenland. Stuttgart 1990
Eckert, Gerhard: Oberbayern. Köln 1988
Fenzl, Fritz: Der bayerische Jakobsweg. München 2005
Geiger, Hans: Wessobrunn. Wessobrunn 1991
Gombrich, Ernst H.: Die Geschichte der Kunst. Stuttgart 1992
Homburg, Elli: Allgäu. Köln 2002
Hubensteiner, Benno: Bayerische Geschichte. München 1989
Kirchmeier, G., Masenmüller, M.: Die Wies. Lechbruck o. J.
Köhle, Sieglinde: Kleine Münchner Stadt-Geschichte. München 1991
Lechner, Odilo: Weite dein Herz – Lebenskunst aus dem Kloster. München 2002
Mehling, Marianne: Kulturführer München. München 1991
Moser, Eva: Bodensee. Köln 2002
Nöhbauer, Hans F.: München. Eine Geschichte der Stadt und ihrer Bürger von 1158 bis 1854. München 1989
Pörnbacher, Hans: Mechthild von Dießen und Andechs, Äbtissin von Edelstetten. Weißenhorn 1992
Pörnbacher, Hans: Steingaden. Weißenhorn 1997 (Kunstdenkmale – Heft Nr. 27)
Reiser, Rudolf: Glanzlichter bayerischer Geschichte. München 1988

Reiser, Rudolf: Tassilo III. Weilheim 1988
Rohrbach, Carmen: Jakobsweg – Wandern auf dem Himmelspfad. München 1991
Schindler, Herbert: Am Bodensee. München 1997
Schindler, Herbert: Reisen in Oberbayern. München 1985
Schnell, Hugo: Kunstführer-Hefte
Schwarz, Rosemarie: Abenteuer Römerstraßen, Fernstraße Bregenz–Salzburg. Eching 2000
Sieghardt, August; Widmann, Werner: Bayerisches Hochland. Nürnberg 1964
Sing, Hansjörg: Der Jakobsweg. Ulm 1992
Zöller, Josef Othmar; Kloss, Marion: Andechs. Freilassing 1996
Zuber, Elfi: Das Angerviertel. München 1999

Zum Wandern in der Schweiz benutzten wir auch die in den Kirchen aufliegenden kostenlosen Hefte: »Auf den Weg gehen, am Weg begegnen, am Weg verweilen«.

Auf dem Camino de Santiago in Spanien

Personenregister

Ortsregister

Hinweis: Wegführung und Beschilderung liegen seit der Eröffnung des Münchner Jakobsweges in der Verantwortung der jeweiligen Gemeinden. Daraus könnten sich Abweichungen von den im vorliegenden Buch beschriebenen Wegführungen ergeben; es sollten jedoch die Markierungen der Gemeinden beachtet werden. Autorin und Verlag wären für Mitteilungen über etwaige Änderungen dankbar.